Andrea Rosenthal

Der magische Seelenblick mit den Lenormandkarten

Mit der großen Tafel wie Phönix aus der Asche steigen

AF557524

Bibliografische Information der Deutschen Nationalbibliothek
Die Deutsche Nationalbibliothek verzeichnet diese Publikation in der Deutschen Nationalbibliografie; detaillierte bibliografische Daten sind im Internet über http://dnb.d-nb.de abrufbar.

© 2022 Alle Rechte vorbehalten

Rechtliche Hinweise
Die Verwertung der Texte und Bilder, auch auszugsweise, ist ohne Zustimmung des Angelina Schulze Verlags urheberrechtswidrig und strafbar. Dies gilt auch für Übersetzungen, Vervielfältigungen, Mikroverfilmung und für jegliche Art von Verarbeitung mit elektronischen Systemen. Als Leserin und Leser dieses Buches möchten wir Sie ausdrücklich darauf hinweisen, dass keine Erfolgsgarantie für die Verwendung der Texte gewährt werden kann. Die Inhalte in diesem Buch spiegeln die Erfahrungen von Andrea Rosenthal wider. Der Verlag und die Autorin übernehmen auch keinerlei Verantwortung für jegliche Art von Folgen z. B. unerwünschte Reaktionen, Verluste, Risiken, falsch verstandene Texte oder Anwendungen. Diese Veröffentlichung wurde nach bestem Wissen erstellt. Sollten Inhalte dieses Buches gegen geltende Rechtsvorschriften verstoßen, dann bitten wir Sie um eine Benachrichtigung, um die betreffenden Inhalte schnellstmöglich zu bearbeiten bzw. zu entfernen.

Autor des Buches: © 2022 Andrea Rosenthal

Layout und Satz des Buches: Angelina Schulze

Korrekturlesen: Regina Schier
www.reginaschier.de
info@reginaschier.de

Umschlag und Bilder im Buch:
© Hintergrundbild: Artdesign Osorio
© Gestaltung: Andrea Rosenthal und Angelina Schulze
© Kartendeck auf dem Cover: Lenormandkarten Königklasse (Lilie)
© Kartendeck im Buch: Lenormandkarten Licht und Schatten Design

Verlag:
Angelina Schulze Verlag
Am Mühlenkamp 15
38268 Lengede

verlag@angelina-schulze.com
https://angelina-schulze-verlag.de

1. Auflage Februar 2022

ISBN: 978-3-96738-176-4

Inhaltsverzeichnis

Der magische Seelenblick

In dieser 9x4-Legung geht es mir darum, nachzuvollziehen, wo man in seiner spirituellen Entwicklung steht und was man tun kann, um innerlich zu wachsen. Dabei wird die ganz eigene Magie entdeckt, die dazu führt, dass man seinen Seelenplan erfüllt. Ein Blick in unser Seelenleben kann dabei besonders wertvoll sein, ist es doch ein Einblick in seelische Zusammenhänge, die auch unser äußeres Leben bestimmen.

Als Hilfestellung für die spirituelle Deutung dieser Legung, findet ihr meine Deutungen am Ende des Buches. Ich habe sie für die Legung, die ich euch als Beispiel anbiete, genutzt. Fühlt euch jedoch frei, eure eigenen Deutungen zu finden.

<u>Die Häuser der 9x4-Legung betrachten wir wie gewohnt in dieser Reihenfolge:</u>

1	2	3	4	5	6	7	8	9
10	11	12	13	14	15	16	17	18
19	20	21	22	23	24	25	26	27
28	29	30	31	32	33	34	35	36

Ich habe die Legung in 3er-Kombinationen mit jeweils drei Häusern und den darauf liegenden Karten zu einer Überschrift zusammengefasst, die bitte bei der Deutung berücksichtigt werden sollte. Die Fragen in den Häusern sollten anhand der Karte, die in diesem Haus zum Liegen kommt, beantwortet werden. Das macht es einfach, das Große Blatt zu deuten, da jeweils die Fragestellung und die Karte die Antwort gestalten.

Hierzu möchte ich euch ein Beispiel anbieten, bei dem ich mir die Frage stellte, wo ich in meiner spirituellen Entwicklung stehe und inwieweit sie mein schriftstellerisches Tun in spirituellen Abhandlungen positiv oder negativ beeinflusst.
Ich hoffe, dieses Beispiel zeigt dir, wie einfach man diesen magischen Seelenblick für sich selbst oder andere riskieren und dabei wertvolle Erkenntnisse sammeln kann, die einen wieder ein Stückchen weiter hin zu seinem seelischen Auftrag, in diesem Leben glücklich zu sein, verhelfen.

<u>Lasst uns beginnen, ich stelle euch zunächst alle Einteilungen in Überschriften vor:</u>

1. Reihe

Denken

1 Reiter
Was beschäftigt einen gerade und bringt einen in Bewegung? Woraus schöpft man Motivation?

2 Klee
Welche positiven Impulse kann man mental geben? Gibt es Synchronizitäten im Leben, die durch Glauben initiiert werden?

3 Schiff
Wohin geht die Sehnsucht? Ist Hoffnung vorhanden, dass man auf seiner Seelenreise den richtigen Kurs hat?

Lernprozess

4 Haus
Wie findet man zu sich selbst und fühlt sich wohl in seiner Haut?

5 Baum
Was reift in einem heran und möchte sich entfalten? Wo ist Heilung nötig?

6 Wolken
Worüber muss man sich noch Klarheit verschaffen? Was verunsichert einen in der jetzigen Situation?

Erkenntnis

7 Schlange
Was gilt es abzulegen, damit ein Heilungsprozess stattfinden kann? Wo muss man Schwierigkeiten bewältigen und seine Wandlungsfähigkeit unter Beweis stellen?

8 Sarg
Was muss man transformieren, indem man es sein lässt oder anders macht? Was sollte ein natürliches Ende finden?

9 Blumen
Wie kommt man in seine Freude und kann seine Kreativität leben?

2. Reihe

Fühlen

10 Sense
Wovon sollte man sich trennen, um sich besser zu fühlen? Welcher Schmerz setzt einem zu?

11 Ruten
Wie kann man seine Gefühle angemessen ausdrücken? Welche Glaubenssätze stehen einem dabei im Weg?

12 Eulen
Wo empfindet man Stress, der nicht notwendig ist? Wie findet man in seine innere Weisheit?

Annehmen

13 Kind
Was hilft, die Situation neu zu entdecken, etwas neu zu beginnen?

14 Fuchs
Wo soll man seinen Instinkten vertrauen und schlau taktieren?

15 Bär
Was hilft, um in seine eigene Kraft zu kommen? Wo muss man sich durchsetzen?

Heilung

16 Sterne
Was hilft bei der spirituellen Entwicklung und verschafft einem die notwendige Klarheit?

17 Störche
Was hilft bei einer positiven Veränderung hin zu ganzheitlicher Heilung?

18 Hund
Wer oder was kann einen dabei unterstützen? Wo sollte man sich selbst treu bleiben?

3. Reihe

Handeln

19 Turm
Wo gilt es selbstständiger zu werden, seine Grenzen auszuloten und gesunde Grenzen zu setzen?

20 Park
Wie gestaltet man sein Umfeld positiv und bereichernd? Welche Umgebung tut einem gut?

21 Berg
Welche Herausforderung steht jetzt an? Welche Hürden sind zu nehmen, um seinem Seelenauftrag zu folgen?

Orientierung

22 Wege
Welche Entscheidungen sollten getroffen werden? Wie kann man dazu beitragen, den richtigen Weg für sich selbst einzuschlagen? Welche Möglichkeiten gibt es jetzt?

23 Mäuse
Was gilt es zu minimieren und aus seinem Leben zu eliminieren? Jetzt gilt es Kummer zu verringern, Sorgen zu mindern und sich auf das Wesentliche zu konzentrieren.

24 Herz
Was sagt das Herz dazu? Was hilft, in seine Liebesenergie zu kommen, um mehr Selbstliebe zu entwickeln?

Konsequenz

25 Ringe
Wo muss man konsequent sein und sich auf sich selbst verlassen? Welche Versprechen sollte man sich selbst geben, um nicht immer wieder die gleichen Fehler zu machen?

26 Buch
Was gilt es noch zu lernen? Was sollte ausgesprochen werden? Worüber sollte man schweigen?

27 Brief
Wem sollte man sich mitteilen? Auf welche Art und Weise sollte man kommunizieren? Ist der Kommunikationskanal zur Anderswelt, den spirituellen Sphären, offen?

4. Reihe

spirituelle Entwicklung

28 Herr
Wo gilt es aktiv zu werden? Was gilt es jetzt zu tun, anzupacken? Wie fördert man die männlichen Energien, kommt in Harmonie mit seiner Yang-Energie?

29 Dame
Was gilt es anzunehmen und auf einen zukommen zu lassen? Wie fördert man die weiblichen Energien, kommt in Harmonie mit seiner Yin-Energie?

30 Lilien
Was erschafft in einem Harmonie, Balance und Geborgenheit? Was hilft einem, um in seine innere Mitte zu finden?

Potenzial

31 Sonne
Was bringt man als Potenzial mit? Wie steht es um den Energiehaushalt?

32 Mond
Wie bringt man seine Gefühle in Einklang mit der Seele? Ist Schattenarbeit erforderlich, um ein seelisches Tief zu überwinden?

33 Schlüssel
Wofür sollte man sich jetzt öffnen, um sein gesamtes Potenzial auszuschöpfen? Was bietet einem die Sicherheit, die man jetzt braucht, um Körper, Geist und Seele in Einklang zu bringen?

Magie

34 Fische
Was möchte die Seele einem mitteilen? Wie schafft man eine innige Verbindung zu seiner Seele, um seinem Seelenplan gerecht zu werden?

35 Anker
Woran sollte man noch arbeiten? Auf welcher Ebene, bei welchem Thema steht man sich selbst noch im Weg oder klammert sich an Altem fest?

36 Kreuz
Wie erfüllt man seine momentane Lernaufgabe und erschafft positives Karma, zum Wohle für sich selbst und alle Beteiligten?

Meine Legung „Der magische Seelenblick“

1. Reihe

Denken

1 Reiter
Karte Blumenstrauß
Was beschäftigt einen gerade und bringt einen in Bewegung? Woraus schöpft man Motivation?
Ich bin mir meiner Chancen bewusst und arbeite selbstbewusst darauf hin, meine inneren Prozesse zu klären, um mich und mein Umfeld zu motivieren, meine Ziele zu erreichen, die mich unabhängig von der äußeren Welt werden lassen.

2 Klee
Karte Park
Welche positiven Impulse kann man mental geben? Gibt es Synchronizitäten im Leben, die durch Glauben initiiert werden?
Meine mentale Ausrichtung geht dahin, meinen Plan zu festigen, in Ruhe von zu Hause aus arbeiten zu können. Dafür schaffe ich die Voraussetzungen, da ich ein Umfeld brauche, das mich dabei unterstützt, mit meinen Projekten in die Öffentlichkeit zu gehen.

3 Schiff
Karte Berg
Wohin geht die Sehnsucht? Ist Hoffnung vorhanden, dass man auf seiner Seelenreise den richtigen Kurs hat?
Trotz Herausforderungen und kurzfristigen Zweifeln gebe ich nicht auf, überwinde meinen inneren Schweinehund und schätze es hoffentlich realistisch ein, dass es ein langer Weg ist. Mit Geduld überwinde ich solche Frustphasen und wachse immer wieder über mich hinaus. Dabei verschaffe ich mir einen Überblick über das, was dazu notwendig ist, um Rückgrat zu beweisen.

Lernprozess

4 Haus
Karte Sense
Wie findet man zu sich selbst und fühlt sich wohl in seiner Haut?
Voraussetzung dabei ist es, einige Lebenskorrekturen vorzunehmen. Wunde Punkte zu erkennen und daran zu arbeiten, alle destruktiven Kräfte auszuschalten, die mich daran hindern könnten, die Ernte meiner Bemühungen einzufahren.

5 Baum
Karte Anker
Was reift in einem heran und möchte sich entfalten? Wo ist Heilung nötig?
Die Art und Weise, wie ich arbeite, kann noch verbessert werden. Dazu ist es notwendig, Disziplin und Struktur im Arbeitsalltag zu etablieren, und mein Potenzial in der materiellen Welt so anzubieten, dass es meine Zielgruppe auch erreicht. Die Symbiose von spirituellem Interesse und der Tatsache, spirituelle Werkzeuge zu entwickeln, ist etwas, was meinem Seelenplan entspricht.

6 Wolken
Karte Schlange
Worüber muss man sich noch Klarheit verschaffen? Was verunsichert einen in der jetzigen Situation?
Da meine spirituelle Entwicklung parallel damit einhergeht, aus Erfahrungen wichtige Erkenntnisse zu entwickeln, muss ich mich immer wieder von alt Bewährtem trennen und mich wandlungsfähig zeigen. Das fordert mich immer wieder heraus, alte Haut abzustreifen und Pionierarbeit zu leisten.

Erkenntnis

7 Schlange
Karte Störche
Was gilt es abzulegen, damit ein Heilungsprozess stattfinden kann? Wo muss man Schwierigkeiten bewältigen und seine Wandlungsfähigkeit unter Beweis stellen?
Einerseits sollte ich nicht aus den Augen verlieren, mich den Wünschen meiner Klientel anzupassen. Jedoch fällt mir das nicht immer leicht, da ich eher danach strebe, Impulse für Neues zu geben. Dabei ist es mir viel wichtiger, flexibel zu bleiben und Abwechslung und Vielfalt zu bieten.

8 Sarg

Karte Eulen

Was muss man transformieren, indem man es sein lässt oder anders macht? Was sollte ein natürliches Ende finden? Für mich gilt es, Gewohntes immer wieder infrage zu stellen, spirituelle Entwicklungsmöglichkeiten auszuloten und nach meinen wahren Überzeugungen zu handeln. Ist es doch genau das, was meine eigene Magie ausmacht – der Mut, etwas zu verändern und dabei eine eindeutige Haltung einzunehmen. Dabei sollte ich keine falsche Rücksichtnahme walten lassen, denn meine Intuition und Selbstentfaltung zeigen mir dabei meinen Weg.

9 Blumen

Karte Ring

Wie kommt man in seine Freude und kann seine Kreativität leben?

Entfliehe ich dem Hamsterrad, anderen zu gefallen, kann meine Kreativität frei fließen und sich die Freude in der Gestaltung mit den Karten frei entfalten. Das heilige Versprechen dabei, mir selbst diesen Freiraum zu geben, macht es möglich, immer wieder neue Vorgehensweisen zu entwickeln und dem Ehrenkodex, alle an ihre Selbstverantwortung zu erinnern, treu zu sein.

2. Reihe

Fühlen

10 Sense
Karte Mond
Wovon sollte man sich trennen, um sich besser zu fühlen? Welcher Schmerz setzt einem zu?
Da die spirituelle Arbeit mit den Karten einen immer wieder vor die Herausforderung stellt, seinen Schattenanteilen den Raum und die Aufmerksamkeit zu schenken, die sie verdienen, ist es nicht immer leicht, dies von dem Arbeitsprozess zu trennen. Doch ist es gleichzeitig das, was den Erfolg ausmacht, da es selbst erprobt ist und für mich funktioniert, also auch für andere machbar und umsetzbar ist.

11 Ruten
Karte Schlüssel
Wie kann man seine Gefühle angemessen ausdrücken? Welche Glaubenssätze stehen einem dabei im Weg?
Kompetenz darin zu gewinnen, sein Potenzial zu leben, bedeutet, aufrichtig zu sein und seiner Bestimmung zu folgen. Das Richtige zu tun, wird dabei aus dem Herzen heraus geführt, damit neue Erkenntnisse gewonnen werden können. Dabei ist die Grundlage, sich selbst und dem Leben zu vertrauen. Ist es so bei mir?

12 Eulen
Karte Sonne
Wo empfindet man Stress, der nicht notwendig ist? Wie findet man in seine innere Weisheit?
Der Stress ist, sich selbst unter Druck zu setzen. Nicht auszubrennen, sondern sich immer wieder mit seiner positiven Energie zu verbinden, alle Lichtwesen dazu einzuladen, den

Schaffensprozess zu begleiten. Im Bewusstsein zu arbeiten, dass alles gut ist und das Selbstbewusstsein einen trägt.

Annehmen

13 Kind
Karte Reiter
Was hilft, die Situation neu zu entdecken, etwas neu zu beginnen?
Im Hier und Jetzt zu sein, mit Leichtigkeit und Neugier Neues entdecken und in kleinen Schritten sich alles entwickeln lassen. Dem schöpferischen Prozess den notwendigen Raum bieten und lebendig und spontan die Impulse umsetzen, die man erhält, wenn man ganz spielerisch und unbekümmert dabei ist.

14 Fuchs
Karte Schiff
Wo soll man seinen Instinkten vertrauen und schlau taktieren?
Das Wichtigste ist es, Wissen anzureichern, seinen Horizont zu erweitern und in praktische Hilfestellungen umzusetzen. Mit Geduld und der Sehnsucht im Herzen, genau auf Kurs auf seiner Lebensreise zu sein, lässt einen seinen Instinkten vertrauen. Die Schaffenskraft dahingehend zu unterstützen, indem man innere Stärke entwickelt und Unbekanntes erforscht.

15 Bär
Karte Brief
Was hilft, um in seine eigene Kraft zu kommen? Wo muss man sich durchsetzen?

Durch die Informationen, die einem das Kartenlegen bietet, ist der Kontakt zu seinem Höheren Selbst ein Kanal, der einem wichtige Informationen schenkt. Als Schreibmedium ist der Kontakt zur Anderswelt gegeben und ermöglicht es, spirituelle Schriften zu verfassen und Botschaften der Engel und Geistführer zu vermitteln. Dazu ist der Glaube wichtig, zu wissen, was man da tut, welche Verantwortung das mit sich bringt, und welches tiefe Vertrauen zu diesen spirituellen Mächten entscheidend für die Reinheit der Informationen ist. Ist dies gegeben, ist man in seiner inneren Kraft.

Heilung

16 Sterne
Karte Klee
Was hilft bei der spirituellen Entwicklung und verschafft einem die notwendige Klarheit?
Ein Gefühl des Gelingens, eine Welle der Hochstimmung führt einen zu Synchronizitäten, die einem den Weg weisen. Voller Optimismus und Hoffnung, dadurch das Richtige zu tun, wird etwas Kostbares entstehen. Voller Zufriedenheit kann man dann auf seine Schöpfung vertrauen, dass sie auch anderen Menschen auf ihrem Weg hilft, mehr Klarheit zu gewinnen und glückliche Fügungen zu ermöglichen.

17 Störche
Karte Mäuse
Was hilft bei einer positiven Veränderung hin zu ganzheitlicher Heilung?
Sich keine Sorgen zu machen, alle Unsicherheiten hinter sich zu lassen. Demut – der Mut, ins Ungewisse zu gehen und dabei an sich und seine Projekte zu glauben. Wieder in die Einfachheit zu finden, ohne großen Anspruch darauf, etwas Bedeutendes zu erschaffen. Seiner spirituellen Entwicklung vertrauen, indem man alle Grübeleien aufgibt.

18 Hund
Karte Turm
Wer oder was kann einen dabei unterstützen? Wo sollte man sich selbst treu bleiben?
Menschen, die zu Freunden geworden sind, unterstützen mich und meine Projekte. Dafür bin ich sehr dankbar. Bei der Rückbesinnung auf mich selbst und einer Pause, die es mir erlaubt, mich innerlich zu sammeln und neu zu orientieren, kann ich alte Glaubenssätze aufgeben, die mich einschränken. Meine neu gewonnene Eigenständigkeit aus der Distanz heraus sehen und all dem Grenzen setzen, was mir dabei nicht guttut.

3. Reihe

Handeln

19 Turm
Karte Wolken
Wo gilt es, selbstständiger zu werden, seine Grenzen auszuloten und gesunde Grenzen zu setzen?
Ein Tunnelblick, der Sorgen und Ängste nährt, ist der Situation bestimmt nicht zuträglich. Es schwächt meine Energien, verunsichert mich unnötig und lässt mich wie in einem Vakuum sitzen. Das bedeutet nichts anderes, als dass ich die Realität nicht richtig einschätzen kann, denn nicht alles ist schlecht. Also wirken wieder einmal alte Glaubenssätze, die mein eigentliches Potenzial daran hindern, sich zu entfalten. Damit muss Schluss sein – also gilt es, in meinen Überzeugungen aufzuräumen und mich von destruktiven Vorstellungen zu trennen.

20 Park
Karte Buch
Wie gestaltet man sein Umfeld positiv und bereichernd? Welche Umgebung tut einem gut?
Ich empfinde altes Wissen, überliefert vom Meister zum Schüler, die hermetischen Gesetze und viele spirituellen Lehren als bereichernd. Hinzu kommt die Lebenserfahrung, die mich schon oft gelehrt hat, im Vertrauen zu bleiben, auch wenn es noch Geheimnisse gibt, die es noch zu enträtseln gilt.

21 Berg
Karte Baum
Welche Herausforderung steht jetzt an? Welche Hürden sind zu nehmen, um seinem Seelenauftrag zu folgen?
Es ist nicht immer leicht, die Dinge sich mit Geduld entwickeln zu lassen. Die Verbindung zwischen dem weltlichen und irdischen Dasein zu sehen und den wesentlichen Sinn zu erkennen. Wachstum und Heilung tragen dazu bei, Themen, die noch nicht abgeschlossen sind, zu transformieren. Das ist es doch, worum es im Leben geht.

Orientierung

22 Wege
Karte Herz
Welche Entscheidungen sollten getroffen werden? Wie kann man dazu beitragen, den richtigen Weg für sich selbst einzuschlagen? Welche Möglichkeiten gibt es jetzt?
Mein Herz zu öffnen und mich mit der positiven Schwingung der Liebe zu verbinden, ist die Magie, die ich brauche, um göttliche Liebe zu spüren. Ich kann mich nur für den Weg des Herzens entscheiden, immer wieder aufs Neue, jeden

Tag! So lebe ich meine Spiritualität wirklich, das heißt, ich finde zu mir selbst und kann durch diese Selbstliebe Frieden in mir erschaffen. Dadurch lebe ich mein Leben aus dem Herzen heraus, und dies ist immer der richtige Weg.

23 Mäuse
Karte Ruten
Was gilt es, zu minimieren und aus seinem Leben zu eliminieren? Jetzt gilt es, Kummer zu verringern, Sorgen zu mindern und sich auf das Wesentliche zu konzentrieren.
Negative Energien, in mir selbst durch Glaubenssätze erzeugt, und im Außen durch Kritiker, die womöglich selber nichts zustande bringen, gilt es aus meinem Leben zu eliminieren. Denen sollte ich keine Bedeutung beimessen und mich auf mich und meine Ziele konzentrieren. Gegensätze sollte ich anerkennen, doch falsche Überzeugungen entlarven und ihnen ihre Kraft nehmen, mein Leben zu beeinflussen.

24 Herz
Karte Fische
Was sagt das Herz dazu? Was hilft, in seine Liebesenergie zu kommen, um mehr Selbstliebe zu entwickeln?
Mit dem Leben fließen bedeutet, unbewusste Prozesse zu erkennen, indem ich in die Tiefe gehe, mich mit meiner Seele zu verbinden und das zu erfüllen, was sich meine Seele für dieses Leben an Lernaufgaben ausgesucht hat. Herz und Seele sind eine unschlagbare Kombination, die meine ganz eigene Magie entfacht. Denn man sieht nur mit dem Herzen gut! Das Wesentliche ist für die Augen unsichtbar. (aus der Geschichte „Der kleine Prinz“)

Konsequenz

25 Ringe
Karte Bär
Wo muss man konsequent sein und sich auf sich selbst verlassen? Welche Versprechen sollte man sich selbst geben, um nicht immer wieder die gleichen Fehler zu machen?
Meinem Heilungsprozess zu vertrauen bedeutet auch, mir immer wieder meiner inneren Kraft bewusst zu werden, aus der Vergangenheit zu lernen und mich mit meinen Ahnen zu verbinden, um auch in der Ahnenreihe Heilung zu initiieren. Das heilige Versprechen, in meine Eigenliebe zu gehen und mir meiner spirituellen Macht bewusst zu sein, bietet mir dabei Orientierung.

26 Buch
Karte Kind
Was gilt es noch zu lernen? Was sollte ausgesprochen werden? Worüber sollte man schweigen?
Noch nicht alles ist reif für die Öffentlichkeit. Ich sollte dem Prozess der kleinen Schritte vertrauen und unbefangen voranschreiten. Auch mein inneres Kind braucht viel Aufmerksamkeit und Heilung. Dabei hilft mir, im Hier und Jetzt zu sein, denn mache ich mir Sorgen, bin ich in der Zukunft. Bedaure ich etwas, weile ich in der Vergangenheit. Beides keine Optionen, um ein bisschen weiser zu werden!

27 Brief
Karte Fuchs
Wem sollte man sich mitteilen? Auf welche Art und Weise sollte man kommunizieren? Ist der Kommunikationskanal zur Anderswelt, den spirituellen Sphären, offen?
Der Fuchs – mein Krafttier, das mich in diesem Prozess begleitet, besticht durch seine Klugheit und Intelligenz, die er

richtig einzusetzen weiß. Er lässt sich nicht in die Karten gucken und seine Beobachtungsgabe lässt ihn den richtigen Zeitpunkt finden, sich seinen Vorteil zu verschaffen.

4. Reihe

spirituelle Entwicklung

28 Herr
Karte Hund
Wo gilt es aktiv zu werden? Was gilt es jetzt zu tun, anzupacken? Wie fördert man die männlichen Energien, kommt in Harmonie mit seiner Yang-Energie?
Für mich ist es wichtig, meinen medialen Fähigkeiten Aufmerksamkeit und Entfaltungs-möglichkeiten zu bieten, darauf aufzubauen, was mir an Hilfe und Unterstützung bereits zuteilwird und noch mehr Gemeinschaftssinn zu entwickeln.

29 Dame
Karte Sterne
Was gilt es, anzunehmen und auf einen zukommen zu lassen? Wie fördert man die weiblichen Energien, kommt in Harmonie mit seiner Yin-Energie?
Mit Vertrauen in die Zukunft geht alles besser. Spirituell zu wachsen bedeutet, höhere Ebenen des Bewusstseins zu erreichen, was man nicht erzwingen kann. Eingebungen, Kontakt zu den Engeln und geistigen Helfern, all dies kann nicht manipuliert werden, denn dann entspringt es aus dem Ego. Also gilt es weiterhin, tiefe Einsichten in größere Zusammenhänge zu gewinnen, zu der Zeit, wenn ich reif dafür bin.

30 Lilien
Karte Lilien
Was erschafft in einem Harmonie, Balance und Geborgenheit? Was hilft einem, um in seine innere Mitte zu finden?
Doppelte Energien der Lilien. Durch Gebet und Meditation kann ich meinen Energiehaushalt positiv beeinflussen und in meine Mitte finden. Durch liebevolle Annahme meiner selbst erschaffe ich den Frieden in mir, den ich brauche, um die Leidenschaft und Vitalität zu erzeugen, die mir hilft, das Leben harmonisch zu gestalten. Im Gleichgewicht mit meinen Kräften empfinde ich Dankbarkeit für die Selbstliebe, die sich in meiner Spiritualität ausdrücken darf und mir die Energie schenkt, die ich für meine Sinnlichkeit und meine Wertschätzung für die Schönheit des Lebens benötige.

Potenzial

31 Sonne
Karte Kreuz
Was bringt man als Potenzial mit? Wie steht es um den Energiehaushalt?
Das Unausweichliche, dem ich mich stellen muss, schenkt mir die Selbsterkenntnis, die ich jetzt für mein Leben brauche. Der Glaube, dass alles in meinem Leben einen Sinn hat, hilft mir dabei, die Herausforderung des Lebens als Wachstumsmöglichkeiten zu begreifen. Nehme ich meine Lernaufgabe an, werde ich mehr und mehr meine Berufung leben, denn sie dient der Selbstverwirklichung im Leben eines jeden Menschen.

32 Mond
Karte Sarg
Wie bringt man seine Gefühle in Einklang mit der Seele? Ist Schattenarbeit erforderlich, um ein seelisches Tief zu überwinden?
Ich spüre das Ende einer Phase, eines Erkenntnis- und Lernprozesses, der alles hat stagnieren lassen. Wenn ich loslasse, können mir Flügel wachsen. Es ist der Beginn einer Wandlungsphase, der mich mit Freude erfüllt, da ich wie Phönix aus der Asche zu steigen vermag, falls ich die Hinweise dieser Legung beherzige. Tiefe und intensive Erfahrungen und Selbstreflexion haben mich an diesen Punkt gebracht und das Ende eines Zyklus ist angezeigt, der mir nicht gutgetan hat.

33 Schlüssel
Karte Dame
Wofür sollte man sich jetzt öffnen, um sein gesamtes Potenzial auszuschöpfen? Was bietet einem die Sicherheit, die man jetzt braucht, um Körper, Geist und Seele in Einklang zu bringen?
Wenn ich mich selbst in den Vordergrund stelle und mich meiner Selbstverwirklichung mit Hingabe widme, werde ich wissen, wann ich abwarten muss, wo ich vermitteln muss und wo ich mich dem Fluss des Lebens einfach hingeben sollte. Es ist die sanfte, aber emanzipierte Selbstbestimmung, die nun für mich wichtig wird, um meine Bemühungen auf fruchtbaren Boden fallen zu lassen. Automatisch wird sich dadurch mein Mitgefühl vertiefen und dafür sorgen, dass ich andere schütze, die meiner Fürsorge bedürfen.

Magie

34 Fische
Karte Haus
Was möchte die Seele einem mitteilen? Wie schafft man eine innige Verbindung zu seiner Seele, um seinem Seelenplan gerecht zu werden?
Um Stabilität und Sicherheit in meinem Leben zu verwirklichen ist es sinnvoll, ein Nest zu bauen, was mir Geborgenheit vermittelt. Begreife ich meinen Körper als Sitz der Seele, fällt es mir leichter, ihn zu achten und zu pflegen und ihm die volle Aufmerksamkeit zu schenken. Wie innen so außen, finde ich dadurch den Platz in meinem Leben.

35 Anker
Karte Herr
Woran sollte man noch arbeiten? Auf welcher Ebene, bei welchem Thema steht man sich selbst noch im Weg oder klammert sich an Altem fest?
Ich sollte alle vorhandenen Eigenschaften nutzen, die mich produktiv und willensstark sein lassen. So verschaffe ich mir die Stabilität, die ich brauche, um die volle Verantwortung für mich selbst zu übernehmen. Klare Strukturen und das Streben nach Unabhängigkeit lassen mich mutig voranschreiten auf dem Weg in mein selbstbestimmtes Leben.

36 Kreuz
Karte Wege
Wie erfüllt man seine momentane Lernaufgabe und erschafft positives Karma, zum Wohle für sich selbst und alle Beteiligten?
Ich sollte meiner inneren Führung vertrauen, denn jede Entscheidung birgt die Chance, zu lernen und mich zu entwickeln. Manchmal ist es eine Gratwanderung, denn keine

Entscheidung zu treffen ist auch eine Wahl, die Konsequenzen hat. Wechsle ich die Perspektive, um eine neue Ausrichtung oder Alternative zu finden, finde ich meinen eigenen Weg. Dabei sollte ich meinem Urteilsvermögen vertrauen, denn falls es mich doch einmal in die Irre führen sollte, kehre ich entschlossen um und probiere andere Möglichkeiten aus, die sich mir immer bieten werden.

Ihr seht, welche Aussagekraft den spirituellen Deutungen innewohnt, die ich euch nun noch mit an die Hand geben möchte.

Ich wünsche euch magische Einblicke in euer Seelenleben, und auch bei anderen Menschen, vorausgesetzt, sie geben euch die Erlaubnis dazu.

Die Energie-Matrix

Hier möchte ich euch eine Möglichkeit vorstellen, mit 25 Lenormandkarten ein Thema, eine Situation oder spezielle Frage zu beantworten. Ich nenne sie Energie-Matrix, weil die Karten durch ihre besondere Deutungsmöglichkeit dafür sorgen, dir einen Überblick über die vorherrschenden Energien zu liefern und darüber hinaus Lösungsansätze bieten, wie die Situation oder das Thema wieder ins energetische Gleichgewicht gebracht werden kann. Ich werde an einem Beispiel zeigen, was damit gemeint ist.

Nutze deine gewohnte Kartenpraxis, mische die Karten und konzentriere dich auf das Thema oder die Frage, die gerade für dich relevant ist und beantwortet werden möchte.

Die Karten werden wie folgt ausgelegt:

11	12	14	16	17
10	9	13	15	18
8	7	1	19	20
6	3	2	21	22
5	4	24	23	25

Dabei werden die Positionen wie folgt definiert:

Es geht bei den ersten fünf Karten darum, die Situation zu analysieren und durch die Karten zu erkennen, was gerade los ist.

1 Das Thema, um das es gerade geht und wofür man Energie braucht

2 Die Basis, was bereits vorhanden ist

3 Die Ursache, woraus diese Situation entstanden ist

4 Das Pro, was dafür spricht

5 Das Kontra, was dagegen spricht

6 Der Glaubenssatz, der damit verbunden ist

Mit Karte 7 und 8 schauen wir hinter die Kulissen, was noch verborgen ist und wir übersehen.

7 Der blinde Fleck, das, was man nicht sieht

8 Das Versäumnis, das daraus entsteht

Als Nächstes schauen wir uns alles an, was unser Mindset ausmacht und eine entscheidende Rolle spielt dafür, auf welchem Energielevel wir uns gerade befinden. Denn wir wissen ja um die Macht der Gedanken und die Beeinflussung der Gefühle, die damit einhergeht.

9 Die Gedanken zum Thema

10 Worauf die Aufmerksamkeit gerichtet ist

11 Ist eine Korrektur notwendig, den Fokus auf etwas anderes zu konzentrieren?

12 Das Mindset, das zum Erfolg bzw. in das innere Gleichgewicht, also in die Heilung führt

Bei den nächsten zwei Karten spiegeln sich die Gefühle wider, die damit verbunden sind.

13 Die Gefühle, die damit verbunden sind

14 Die Herzensenergie, die aktiviert werden sollte

Somit haben wir das Thema und das Energielevel gut analysiert, kennen nun die Voraussetzungen, die zu dieser Situation geführt haben.

Weiter geht es nun mit dem Teil der Legung, der uns Lösungen anbietet, um wieder in unser inneres Gleichgewicht zu finden und unsere Energien auf ein bestmögliches Level zu bringen.

15 Die Orientierung, die sinnvoll ist

16 Ein Rat, den man beherzigen sollte

17 Lass Taten sprechen, was zu tun ist

18 Die Auswirkungen dessen, wenn man die Impulse annimmt und umsetzt

Die beiden nächsten Karten bieten uns eine Unterstützung dabei, ein lösungsorientiertes Mindset zu bewahren.

19 Achtsamkeit legen auf...

20 Eine hilfreiche Affirmation, mit der man arbeiten kann

Karte 21 und 22 zeigen, was daraus entstehen kann, wenn man durch Gedankenhygiene seinen Energiehaushalt anhebt und daran arbeitet, nicht wieder in alte, unbewusste Verhaltensweisen zu rutschen und den Autopiloten wieder herrschen zu lassen.

21 Manifestation, was entstehen soll

22 Die Anstrengung, die damit verbunden ist

Nun kommen wir zum Finale, dem Ergebnis, das wir erzielen, wenn wir unsere Achtsamkeitspraxis vollziehen und uns energetisch so aufstellen, dass wir das bestmögliche Ergebnis erzielen können.

23 Das Ziel, das verfolgt werden sollte

24 Der Nutzen, den man daraus ziehen kann

25 Die Erfüllung/Der Wachstumsschritt, der dabei vollzogen wird

Nun möchte ich euch an einem Beispiel zeigen, wie man diese Energie-Matrix einsetzen kann, um sich das Thema oder eine Situation so zu veranschaulichen, dass neben der Analyse auch noch eine Lösung angeboten wird.

<u>Um euch eine Übersicht zu geben, zeige ich euch die Stichworte der Positionen:</u>

Korrektur 11	Mindset 12	Herzensenergie 14	Rat 16	Tat 17
Aufmerksamkeit 10	Gedanken 9	Gefühle 13	Orientierung 15	Auswirkung 18
Versäumnis 8	blinder Fleck 7	Thema/Situation 1	Achtsamkeit auf 19	Affirmation 20
Glaubenssatz 6	Ursache 3	Basis 2	Manifestation 21	Anstrengung 22
Kontra 5	Pro 4	Nutzen 24	Ziel 23	Erfüllung 25

Meine Legung ergab folgende Kartenreihenfolge:

Dabei geht es bei den ersten fünf Karten darum, die Situation zu analysieren und durch die Karten zu erkennen, was gerade los ist.

1 Das Thema, um das es gerade geht und wofür man Energie braucht
Karte Kind
Es geht um einen Neubeginn in kleinen Schritten, mit Neugier und Abenteuerlust im Gepäck. Leichtigkeit und Unbeschwertheit sind gute Begleiter.

2 Die Basis, was bereits vorhanden ist
Karte Hund
Mitgefühl und Fürsorge für sich selbst und in Freundschaften und Treue zu sich selbst und seinen Werten und Vorstellungen.

3 Die Ursache, woraus diese Situation entstanden ist
Karte Berg
Herausforderungen, die man bewältigt hat und Gipfelerlebnisse, die einen bestärkt haben, auf dem richtigen Weg zu sein.

4 Das Pro, was dafür spricht
Karte Eulen
Zweisamkeit, die wichtig ist, erhalten zu bleiben und auf die man sich verlassen kann. Wissen, das im Zusammenleben gewonnen wird und einem Geborgenheit schenkt.

5 Das Kontra, was dagegen spricht
Karte Wege
Viele Möglichkeiten, die sich bieten, bei denen man sich aber auch verzetteln kann, wenn man nicht weiß, wo man hin will.

6 Der Glaubenssatz, der damit verbunden ist
Karte Brief
In Kontakt zu sein ist wichtig, doch sollte er nicht zu oberflächlich sein.

Mit Karte 7 und 8 schauen wir hinter die Kulissen, was noch verborgen ist und wir übersehen.

7 Der blinde Fleck – das, was man nicht sieht
Karte Mond
Die Schatten, die man von sich selbst nicht wahrhaben möchte, die einen schwermütig sein lassen und aus der Vergangenheit stammen.

8 Das Versäumnis, das daraus entsteht
Karte Lilien
Harmonie und innere Balance in sich selbst zu finden, mit Gelassenheit den Tag zu bewältigen, indem man selbst dafür verantwortlich ist.

Als Nächstes schauen wir uns alles an, was unser Mindset ausmacht und eine entscheidende Rolle spielt, auf welchem Energielevel wir uns gerade befinden. Denn wir wissen ja um die Macht der Gedanken und die Beeinflussung der Gefühle, die damit einhergeht.

9 Die Gedanken zum Thema
Karte Anker
Man ist sich bewusst, dass man daran arbeiten muss, um nicht an Vergangenem zu klammern.

10 Worauf die Aufmerksamkeit gerichtet ist
Karte Sonne
Sich auf das Gute im Leben, das einem Kraft und Energie gibt, zu konzentrieren, um so seinen Energiehaushalt positiv zu beeinflussen.

11 Ist eine Korrektur notwendig, den Fokus auf etwas anderes zu konzentrieren?
Karte Ruten
Durch Streit wird man verunsichert und zweifelt an sich selbst und/oder der Beziehung.

12 Das Mindset, das zum Erfolg bzw. in das innere Gleichgewicht, also in die Heilung führt
Karte Schlüssel
Sein Potenzial lösungsorientiert einzusetzen und sich für den Erfolg zu öffnen.

Bei den nächsten zwei Karten spiegeln sich die Gefühle wider, die damit verbunden sind.

13 Die Gefühle, die damit verbunden sind
Karte Blumenstrauß
Mit Freude und Kreativität sich selbst entfalten und anderen begegnen.

14 Die Herzensenergie, die aktiviert werden sollte
Karte Dame
Die Liebe zu sich selbst, sich anzunehmen, wie man ist und empfänglich für das zu sein, was gut im Leben ist.

Somit haben wir das Thema und das Energielevel gut analysiert, kennen nun die Voraussetzungen, die zu dieser Situation geführt haben.

Weiter geht es nun mit dem Teil der Legung, der uns Lösungen anbietet, um wieder in unser inneres Gleichgewicht zu finden und unsere Energien auf ein bestmögliches Level zu bringen.

15 Die Orientierung, die sinnvoll ist
Karte Sarg
Sich wie die Raupe aus dem Kokon arbeiten, um zum Schmetterling zu werden und zu fliegen.

16 Ein Rat, den man beherzigen sollte
Karte Schlange
Aktiviere deine Wandlungsfähigkeit, häute dich wie eine Schlange, die ihre alte Haut abstreift, weil sie ihr zu klein geworden ist. Wachse auch du über dich hinaus.

17 Lass Taten sprechen, was zu tun ist
Karte Sterne
Fördere deine spirituelle Entwicklung, die dir Einblick in tiefere Zusammenhänge bietet.

18 Die Auswirkungen dessen, wenn man die Impulse annimmt und umsetzt
Karte Turm
Du lernst, über deine Grenzen hinwegzugehen und einen Weitblick zu entwickeln, der dir bei deinem Neubeginn hilft.

Die beiden nächsten Karten bieten uns eine Unterstützung dabei, ein lösungsorientiertes Mindset zu bewahren.

19 Achtsamkeit legen auf ...
Karte Herz
Dein Herz für dich und alle Lebewesen zu öffnen, mit dem Herzen zu sehen und ihm unbeirrt zu folgen.

20 Eine hilfreiche Affirmation, mit der man arbeiten kann
Karte Baum
Tief verwurzelt mit der Erdenergie wachse den himmlischen Kräften entgegen, in Vertrauen darauf beschützt und geführt zu werden.

Karte 21 und 22 zeigen, was daraus entstehen kann, wenn man durch Gedankenhygiene seinen Energiehaushalt anhebt und daran arbeitet, nicht wieder in alte, unbewusste Verhaltensweisen zu rutschen und den Autopiloten wieder herrschen zu lassen.

21 Manifestation, was entstehen soll
Karte Herr
Selbstbestimmtheit und aus eigener Kraft den Neubeginn wagen und selbstverantwortlich dafür zu sorgen, was sich im Leben manifestiert.

22 Die Anstrengung, die damit verbunden ist
Karte Buch
Viel zu lernen und sein Wissen für den Erfolg des eigenen Weges einzusetzen. Doch auch seine Erfahrungen mit anderen zu teilen, damit sie nicht nur für einen selbst wirken können.

Nun kommen wir zum Finale, dem Ergebnis, das wir erzielen, wenn wir unsere Achtsamkeitspraxis vollziehen und uns energetisch so aufstellen, dass wir das bestmögliche Ergebnis erzielen können.

23 Das Ziel, das verfolgt werden sollte
Karte Mäuse
Sich auf das Wesentliche zu konzentrieren, alles Überflüssige zu beseitigen und sich in Demut zu üben.

24 Der Nutzen, den man daraus ziehen kann
Karte Störche
Einen Wandel zu vollziehen und Veränderungen in sein Leben zu bringen, die positiv und bereichernd sind und das Energielevel enorm steigern.

25 Die Erfüllung / Der Wachstumsschritt der dabei vollzogen wird
Karte Bär
Die Lehren der Vergangenheit zu nutzen, um selbstbewusster mit aller Kraft an seiner Entwicklung und seinem positiven Neubeginn zu arbeiten.

Um euch noch eine Hilfe für ein positives Mindset mit den Lenormandkarten mitzugeben, möchte ich euch meine Interpretationen jeder Karte anbieten, die ich für meine Morgenroutine nutze, um mich für den Tag auszurichten und meinen Fokus auf etwas Bereicherndes zu richten, was meinen Energiehaushalt entscheidend beeinflusst und meine Energien anhebt.
Versteh es bitte nur als Angebot, das ist es, was mir die Karten erzählen. Vielleicht wollen sie dir andere Hinweise geben, also folge deiner Intuition!

Legung „Der Phönix“

Willst du noch tiefer in die Seele schauen, bietet sich die Legung „Der Phönix“ an. Hier zeigt sich, wie wir uns neu orientieren können und welcher tiefere Sinn hinter dem Lernprozess für uns verborgen ist. Ihr könnt sie auf eure ganz individuelle Situation legen und vielleicht durch die Karten mehr Hintergründe und Chancen erfahren, die diese Krise euch beschert.

Falls du dein Thema des magischen Seelenblicks vertiefen möchtest, kannst du die Karte auf Position 1 entsprechend dem Thema der Krise aus dem Kartendeck auswählen. Es ist aber auch möglich, neu zu ziehen, um eventuell noch einen weiteren Aspekt der Krise aufgezeigt zu bekommen.

Dafür werden folgende Positionen definiert:

1 Die Krise, das, was Irritation und Chaos auslöst

2 Ursache, die Hintergründe, die zur Krise geführt haben

3 Konsequenzen, die sich daraus ergeben haben

4 Neuorientierung

5 Chance für Neubeginn

6 Der tiefere Sinn

Ein Deutungsbeispiel

Hier ein Beispiel, gelegt für eine Freundin, die sich beruflich neu orientieren möchte, bzw. ihre Möglichkeiten erweitern möchte, um sich breiter aufzustellen. Um diesen Bewusstwerdungsprozess sichtbar zu machen, nutzen wir die Legung, um einen Einblick darüber zu bekommen, wo sie gerade steht, und wie weit dieser Prozess vorangeschritten ist. Jeder kennt diese Situation, wenn man über etwas brütet und man fühlt, dass etwas Neues in einem entstehen möchte. Was dabei entsteht ist immer eine Weiterentwicklung dessen, was die Seele gerade braucht, um sich in dieser Welt in all ihrer Schönheit auszudrücken.

<u>Dabei wurden folgende Karten gezogen und entsprechend gedeutet:</u>

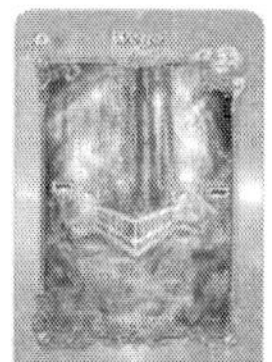

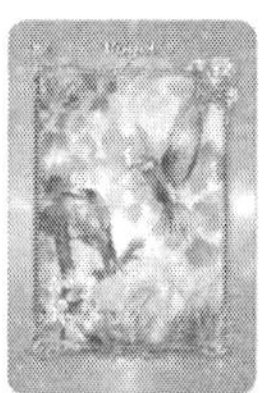

1 Die Krise, das, was Irritation und Chaos auslöst Karte Reiter

Ihr bisheriger beruflicher Werdegang hat sie mit Disziplin und Ausdauer verfolgt. Geleitet wurde sie von dem Wunsch zu helfen, andere zu tragen und zu begleiten, wenn es Hürden zu bewältigen gibt. Inspiriert durch ihre eigene Vergangenheit, in der sie sich getrieben gefühlt hat und rastlos in ihrem Inneren war. Ihrer Motivation einen Kanal zu geben war dabei für sie sehr wichtig, denn es führte sie unweigerlich zu sich selbst und ihrem eigenen Mangel.

2 Ursache, die Hintergründe, die zur Krise geführt haben Karte Eulen

Da sie sich mehr und mehr der Macht ihres Unterbewusstseins und der Kindheitstraumata, die darin gespeichert sind, bewusst wurde, stelle sie sich den Themen, die so viel Stress in ihr auslösten. Dabei fand sie in ihre Selbstbestimmung, indem sie hinter die Kulissen schaute und sich eine eigene Meinung bildetet. Zu einer klaren Haltung zu finden und sich von negativ geprägten Situationen zu distanzieren, brachte sie mehr und mehr in ihre innere Weisheit. Nun erkennt sie das Wesentliche in den Dingen und es hat sich in ihr eine Sehnsucht gebildet, dies auch in ihrer beruflichen Tätigkeit auszudrücken. Weg von den Normen und dem eng gesetztem Rahmen, in dem sie sich bisher bewegen konnte, hin zu dem, was sich durch diesen Reifeprozess in ihr an Überzeugungen entwickelt hat.

3 Konsequenzen, die sich daraus ergeben haben Karte Blumenstrauß

Doch wie das Leben so spielt, all das, was man auf dem Weg, den man gewählt hat, lernt, dient der eigenen Entwicklung und so konnte sie erkennen, dass es noch so viel mehr Möglichkeiten der eigenen Entfaltung und der beruflichen Tätigkeit gibt. Der Rahmen, der ihr bei der Ausbildung gesteckt wurde, zeichnet nicht die Kreativität aus, die sie sich wünscht. Sich nicht nur mit dem Mangel zu beschäftigen, sondern mit der Freude und Schönheit, die in jedem Menschen steckt. Inspiriert durch ihre eigene Entwicklung sucht sie nun Ausdrucksformen, die diese Lebenslust und Heilkraft in jedem Menschen hervorrufen kann. Talente in den anderen zu erkennen, sein Potenzial zu entfalten, den Fokus auf das zu lenken, was den anderen inspiriert das Beste aus sich selbst zu machen. Zudem zu vermitteln, dass man da, wo man gerade steht, genau richtig ist und alles eine große Chance bietet, in innere Harmonie zu finden. Unbeschwertheit und Lebendigkeit als Wegweiser zu nutzen, um sich besser kennenzulernen und sich zu entfalten.

4 Neuorientierung Karte Wolken

Zur Zeit ist es noch schwierig, den richtigen Durchblick zu finden. Vieles ist noch unklar, wie sie ihrer Sehnsucht gerecht werden kann. In dieser Phase sollte man sich selbst nicht unter Druck setzen, denn es braucht noch innere und äußere Prozesse, bis die Lösung sich zeigt. Nichts desto trotz sollte sie sich in genau den Dingen üben, die sie auch anderen durch ihre Arbeit vermitteln möchte. Raus aus der Opferrolle, hinein in das pulsierende Leben, das schon immer da war, nur nicht wirklich wahrgenommen wurde. Der Weg hin zu der Antwort ihrer Frage wird der Weg sein, den sie selber erfahren muss, um sich selbst zu beweisen, wie gut dies funktioniert und wie bereichernd es für das eigene Leben und das der anderen Menschen ist. Die Anbindung an die Anderswelt, Engel, Geistführer und aufgestiegene Meister können ihr dabei helfen, durch den Nebel zu finden und sich nicht alleine zu fühlen.

5 Chance für Neubeginn Karte Wege

Wenn es überhaupt eine Entscheidungshilfe gibt, dann ist es ihr eigenes Herz. Entscheidungen aus dem Herzen heraus zu treffen, sich durch das Labyrinth der Möglichkeiten zu navigieren, um genau das zu finden, was ihren Bedürfnissen entspricht. Folgt sie der positiven Energie der Freude und Schönheit, wird sie immer die richtige Entscheidung treffen und ihre Wahl aus dem Herzen heraus mit großer Entschlossenheit treffen. Dabei sollte sie ihrer inneren Führung vertrauen, denn jeder Weg birgt die Chance etwas zu lernen und sich weiterzuentwickeln. Neu an die Sache herangehen, die Perspektive wechseln und Alternativen zu dem finden, was sie bereits an Wissensschatz erworben hat. Zudem Alternativen in Erwägung zu ziehen, die sie bisher nicht für möglich gehalten hat.

6 Der tiefere Sinn Karte Schlange
Alles dient ihr, um ihre Wandlungsfähigkeit unter Beweis zu stellen. Aufgrund der eigenen Betroffenheit, die ihren beruflichen Werdegang bis jetzt beeinflusst hat, hin zu der Heilung der Vergangenheit und der Entwicklung von Erkenntnissen, die sie auch anderen zugänglich machen möchte. Dabei ist die Kommunikation zwischen Geist und Seele entscheidend, führt dies doch zu Selbsterkenntnis. Die Schlange zeigt den Weg zu der eigenen Macht und diese im Leben auszudrücken. Altes wie eine Haut abzustreifen, und dem neuen Denken und Fühlen mehr Raum und Entfaltung zu bieten. Bleibt sie dabei zentriert in ihrem Herzen, wird sie die Schlangenenergie nutzen können, um sich und anderen Menschen ein neues Leben in Freude und Schönheit zu gestalten.

Feedback meiner Freundin

Die Legung hilft mir sehr, mich und meine aktuellen Wünsche nach beruflicher Veränderung klarer zu sehen. Die Beschreibung der Situation durch die Karten trifft den Nagel auf den Kopf. Ich fühle mich ebenso erleichtert, weil mir die Wolken zeigen, dass ich auf den Prozess vertrauen kann und jetzt nicht überstürzt handeln muss. Dass alles mit meiner Wandlungsfähigkeit in Zusammenhang steht, war mir nicht bewusst, leuchtet nun aber absolut ein. Ich sehne mich mehr und mehr nach Entfaltung und Ausdrucksmöglichkeiten für mich selbst und das zieht nach sich, dass sich auch meine (berufliche) Umgebung verändert. Da darf nun der träge, nach Sicherheit strebende Teil in mir aus seiner Komfortzone austreten und die Flexibilität einladen - ich bin gespannt und neugierig auf den Prozess. Von Herzen: Danke!

Zweites Deutungsbeispiel

Eine weitere Legung, die sich mit einer Krise und deren Möglichkeiten beschäftigt

Meine Frage dreht sich um diese besondere Zeit und was es für uns alle bedeutet.

<u>Dabei sind folgende Karten gezogen worden:</u>

1 Die Krise, das, was Irritation und Chaos auslöst Karte Brief Viele Informationen wirken auf uns ein, die oft nur oberflächlich konsumiert werden. Es ist wichtig, genauer

hinzuschauen und sich mehr Hintergrundinformationen zu verschaffen. Viele Kontakte beschränken sich zur Zeit über Emails, Facebook und andere Medien und ein direkter Kontakt soll oberflächlich bzw. distanziert gehalten werden.

2 Ursache, die Hintergründe, die zur Krise geführt haben Karte Kind
Ein zu unbeschwerter Umgang mit der Erde und deren Ressourcen und eine naive Haltung, dass uns das alles nicht betrifft. Nun sieht man sich mit neuen, unbekannten Voraussetzungen konfrontiert, die das Leben komplett verändert haben. Nichts ist mehr wie es vorher war, alles hat sich verändert.

3 Konsequenzen, die sich daraus ergeben haben Karte Fuchs
Durch die Informationsflut und deren unterschiedlichen Standpunkte ist es nicht leicht, falsche Meldungen von wahren Informationen zu unterscheiden. Da ist man schon gefordert klug abzuwägen und nicht gleich alles zu glauben, was da publiziert wird.
Auch führt uns der Fuchs vor Augen, was alles in unserer Konsumgesellschaft falsch läuft und überprüft werden sollte.

4 Neuorientierung Karte Turm
Tatsache ist, dass diese Krise uns alle entschleunigt hat und uns in eine Isolation versetzt, die wir so noch nicht erlebt haben. Sie bietet uns die Möglichkeit zu uns zu kommen, sich selbst zu reflektieren und sein Leben mit mehr Weitsicht zu betrachten. So ist es möglich, für sich den richtigen Weg zu finden, indem man sein inneres Licht und den Mut findet, das zu verändern, was nicht mehr zu einem passt und unserer Umwelt nicht mehr zuträglich ist.

5 Chance für Neubeginn Karte Herr
Es wird auf jedem einzelnen von uns ankommen, was wir aus dieser Krise gelernt haben. Die Initiative zu ergreifen, unser Leben sinnvoller zu gestalten und dabei das Wohl aller Menschen und unseres Heimatplaneten in den Mittelpunkt zu stellen, so dass er uns und unseren Kindern und nachfolgenden Generationen erhalten bleibt.

6 Der tiefere Sinn Karte Wege
Es kann tatsächlich ein Wendepunkt für uns alle bedeuten. Unser Urteilsvermögen zu schärfen und kreative Lösungen für die Menschheit und deren Überleben auf diesem Planeten zu sichern. Dafür müssen wir alle die Perspektive wechseln und erkennen, dass wir wirklich alle in einem Boot sitzen und das, was jeder einzelne tut, Auswirkungen hat. Wir sollten mit Entschlossenheit einen Weg finden, diese Erde für uns, unsere Kinder und Enkelkinder lebenswert zu gestalten.

Im Deutungsteil findet ihr Vorschläge, die ihr euren Bedürfnissen entsprechend verändern oder erweitern könnt.

Legung „Selbstverantwortung übernehmen“

Ist bei unserem Blick in die Seele herausgekommen, dass wir in einer bestimmten Situation mehr Verantwortung übernehmen müssten, hilft diese Legung, sich alles noch einmal zu verdeutlichen. Dabei riskieren wir sogar einen Blick in die Zukunft, falls wir die Verantwortung annehmen und uns entsprechend um diese Baustelle in unserem Leben bemühen.

Wir legen dafür neun Karten aus, die folgendermaßen definiert werden:

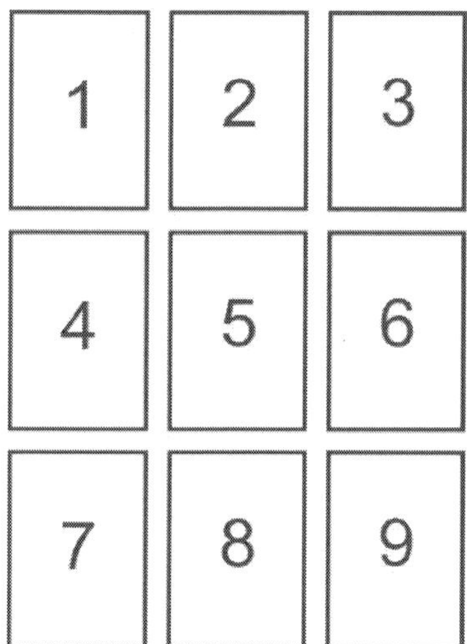

1 Das Thema oder die Situation, wo man Selbstverantwortung übernehmen sollte

2 Was dazu geführt hat, dass diese Selbstverantwortung jetzt so wichtig ist

3 Was man außer Acht gelassen hat, und nicht wahrhaben wollte

4 Was einen motiviert und unterstützt

5 Wie man sich geistig ausrichten sollte

6 Mit welchen Gefühlen man selbstverantwortlich handeln sollte

7 Was man davon bereits umsetzt

8 Wie sich der Erfolg der Bemühungen zeigt

9 Wie man das Leben meistert, wenn man Selbstverantwortung übernimmt

Beispiellegung

Ich habe eine Beispiellegung einer Frau, die erkannt hat, dass etwas in ihrem Leben nicht stimmt. Mit Hilfe dieser Legung schauen wir uns das mal genauer an.

<u>Zunächst beginnen wir ganz normal die Positionen der 9er-Legung zu deuten.</u>

1 Das Thema oder die Situation, wo man Selbstverantwortung übernehmen sollte
Karte Reiter
Sich zu motivieren und die Zügel in die Hand zu nehmen, damit ein klares Ziel anvisiert werden kann.

2 Was dazu geführt hat, dass diese Selbstverantwortung jetzt so wichtig ist
Karte Ruten
Glaubenssätze, die entlarvt wurden und von denen so mancher der Überprüfung nicht standgehalten hat.

3 Was man außer Acht gelassen hat, und nicht wahrhaben wollte
Karte Störche
Alles ist im Wandel und dient unserer Entwicklung, die darauf abzielt, bei uns selbst und unserer eigenen Wahrheit anzukommen.

4 Was einen motiviert und unterstützt
Karte Lilien
In die innere Mitte zu finden und eine Balance von Geben und Nehmen zu erreichen, sollte die größte Motivation sein.

5 Wie man sich geistig ausrichten sollte
Karte Herz
Das Herz zu öffnen, Mitgefühl zu kultivieren und sich in Empathie zu üben, sodass der Herzraum aktiviert wird.

6 Mit welchen Gefühlen man selbst verantwortlich handeln sollte
Karte Sense
All das, was einen verletzt hat, ist bereit, in die Heilung zu gehen. Es ist der Weckruf, um ein neues Kapitel im Leben aufschlagen zu können.

7 Was man davon bereits umsetzt
Karte Mond
Sich der Schattenthemen anzunehmen, sie nicht zu verdrängen, sondern all das ans Licht zu bringen, was in einem an Gefühlen schlummert.

8 Wie sich der Erfolg der Bemühungen zeigt
Karte Mäuse
Sich auf das Wesentliche zu konzentrieren und zu erkennen, was wirklich wichtig ist. Sich von (Seelen)Müll und Ballast befreien.

9 Wie man das Leben meistert, wenn man Selbstverantwortung übernimmt
Karte Brief
In Liebe zu kommunizieren, mit sich selbst und anderen.

<u>Wenn wir noch genauer hinschauen möchten und die Karten noch einmal in einem anderen Zusammenhang betrachten wollen, können wir folgenden Deutungsschlüssel anwenden:</u>

Deutungsschlüssel, bei dem die Karten im Zusammenhang gedeutet werden:

Die Konsequenz, die gezogen werden sollte
Karten 1-2-3

Die Gedankenkraft, die den Fokus bietet
Karten 1-5-9

Die Gefühlswelt, die harmonisiert wird
Karten 2-5-8

Der Handlungsbedarf, der sich daraus ergibt
Karten 3-5-7

Der Schlüssel, der zur Lösung führt
Karten 4-5-6

Die Magie, die darin verborgen liegt
Karten 3-6-9

Dies würde dann in dieser Legung bedeuten:

Die Konsequenz, die gezogen werden sollte
Karten 1-2-3 Reiter-Ruten-Störche
Um Fortschritte zu machen, wird es wichtig, seine Glaubenssätze so anzupassen, dass Veränderung bezüglich der Vergangenheitsbewältigung möglich wird.

Die Gedankenkraft, die den Fokus bietet
Karten 1-5-9 Reiter-Herz-Brief
Mit dem Herzen kommunizieren und danach handeln.

Die Gefühlswelt, die harmonisiert wird
Karten 2-5-8 Ruten-Herz-Mäuse
Kummer und Herzschmerz, der im emotionalen Feld verankert ist.

Der Handlungsbedarf, der sich daraus ergibt
Karten 3-5-7 Störche-Herz-Mond
Der Wandel der Gefühle und das Anerkennen des Auf und Ab des Lebens.

Der Schlüssel, der zur Lösung führt
Karten 4-5-6 Lilien-Herz-Sense
Den Herzschmerz anerkennen und annehmen, um wieder mehr Gelassenheit und inneres Gleichgewicht zu entwickeln.

Die Magie, die darin verborgen liegt
Karten 3-6-9 Störche-Sense-Brief
Den Wandel als Belohnung/Ernte zu erkennen, sich von der Belastung vergangener Verletzungen befreien und wichtige Informationen über sich selbst gewinnen und verarbeiten.

Ihr seht, die Querverweise bestätigen die Positionsdeutung noch einmal, was gut ist. So wird ein klares Bild der Situation, in der die Fragestellerin sich befindet, skizziert.
Selbstverständlich wird in der Beratung jede Deutung viel ausführlicher besprochen. Ich wollte euch nur ein Beispiel geben, was in diesen Positionsdeutungen und Querverweisen an Informationen steckt.

Legung „Wie innen, so außen"

In dieser besonderen Zeitqualität wird uns etwas ganz Besonderes bewusst:
Es kommt auf unsere innere Stärke, den Fokus zu halten, an. Auf unsere innere Ausrichtung, die entscheidet, wie gut oder schlecht wir die kosmischen Schwingungserhöhungen verkraften und für unser Leben und unsere Entwicklung nutzen können.
Jeder Gedanke, den wir hegen, jede Gewissheit, die sich entwickelt, lenkt unser Leben und unser Tun in eine bestimmte Richtung.

In der Legung "Wie innen, so außen" schauen wir uns diesen inneren Prozess genauer an. Die Weisheit der Karten wird uns dabei helfen, uns optimal auszurichten, um die besten Ergebnisse zu erzielen.

Wir legen die Karten wie folgt aus:

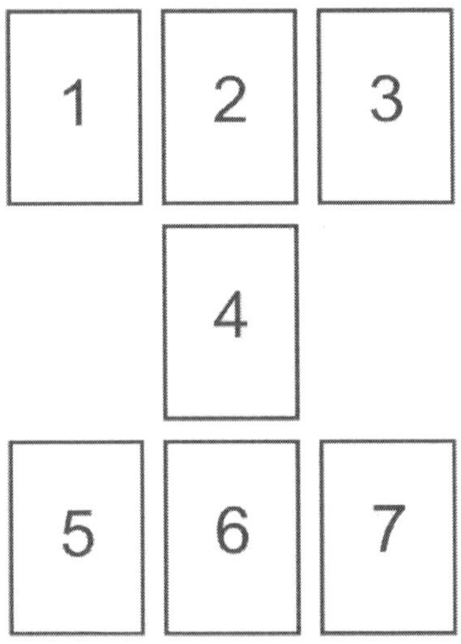

Die Positionen werden folgendermaßen definiert:

1 Das Thema, der Prozess

2 Die Entscheidung, die notwendig wird

3 Die innere Ausrichtung, die dafür eingenommen werden sollte

4 Der Fokus, der bei der Umsetzung helfen wird

5 Was diesen Prozess hemmt oder unterstützt

6 Die Sichtbarkeit der Entscheidung im Außen

7 Was es einem in der Zukunft bringen könnte, falls man die Entscheidung umsetzt

FAZIT= Die Quersumme aller gezogenen Karten

Meine Legung dazu:

1 Das Thema, der Prozess
Karte 10 Sense
Verletzungen, die der Heilung bedürfen, um bereit zu sein, die daraus folgenden Konsequenzen zu tragen. Ich doch die Anerkennung dessen, was da schmerzt schon die Heilung, da wir nicht mehr verdrängen, was einst geschah. Die Erkenntnis, dass diese Erfahrung, die uns so sehr geschmerzt hat, eine wichtige Lektion war, kann zu einer Lebenskorrektur führen, die uns ganz werden lässt.

2 Die Entscheidung, die notwendig wird
Karte 9 Blumenstrauß
Die Schönheit seiner selbst zu erkennen, die Vielfalt des Lebens und die Bereicherung durch Begegnungen mit Gleichgesinnten, lässt in uns und unserem Gegenüber eine gleiche Lebendigkeit erfahren. Sich für Lebensfreude und die Dankbarkeit für zwar schmerzvolle, aber wichtige Lektionen zu entscheiden, ist gleichbedeutend mit der Entscheidung, sich in seinem Inneren und im äußeren Leben mit positiven Energien zu umgeben.

3 Die innere Ausrichtung, die dafür eingenommen werden sollte
Karte 30 Lilien
Frieden zu schließen, mit sich selbst und seinen Disharmonien genauso wie Frieden zu schließen im Außen. Menschen oder Umstände, die uns die Gesellschaft oder Kultur, in der wir leben, vorschreiben und die unseren Handlungsrahmen einengen. Es hilft, eine innere Haltung einzunehmen, das Beste zu geben, was nur möglich ist, um in sein inneres Gleichgewicht zu finden.

4 Der Fokus, der bei der Umsetzung helfen wird
Karte 28 Herr
Dabei sollte man sich immer wieder klar machen, dass man Selbstverantwortung walten lassen sollte. Aktiv an seinem Heilungsprozess mitzuwirken und nur das loszulassen, was außerhalb unseres Wirkungsbereichs liegt. Akzeptanz der Dinge, wie sie sind, ist auch eine Form der Verantwortung, zu wissen, wann man zurücktreten muss, um die Dinge sich entfalten zu lassen.

5 Was diesen Prozess hemmt oder unterstützt
Karte 26 Buch
Alles Wissen, das man im Laufe des Lebens errungen hat, kann helfen. Jedoch geht es um mehr, ein inneres Wissen, das aus der Erfahrung entspringt und das Wissen in Weisheit wandelt.

6 Die Sichtbarkeit der Entscheidung im Außen
Karte 36 Kreuz
Das Leben wird von Ursache und Wirkung bestimmt. Ist meine innere Ausrichtung positiv, wird mir Unterstützendes begegnen. Erwartet man Unheil, erfüllt sich die Sich-selbsterfüllende-Prophezeiung. Das zeigt, wie wichtig es ist, was von innen nach außen strahlt. Ist es doch das, was das Schicksal bestimmt.

7 Was es einem in der Zukunft bringen könnte, falls man die Entscheidung umsetzt
Karte 34 Fische
Der Seele in seiner Gänze, seiner Fülle zu begegnen. Tief einzutauchen in seine Seelenlandschaft und alle Facetten, gute wie schlechte, zu erfahren. Die Seele ist hier, um Erfahrungen zu sammeln, hautnah und unverfälscht. Angelerntes Wissen in eine Verbindung zu seiner Intuition zu wandeln – ein Ratgeber, der einen sicher durch das Leben führt.

FAZIT= Die Quersumme aller gezogenen Karten

10+9+30+28+26+36+34=173=1+7+3=11

Die 11 Ruten

Überprüft man seine Glaubenssätze, Überzeugungen und seine Erwartungshaltung, erkennt man, wohin die Lebensreise geht. So ist es wertvoll, diese zu hinterfragen und sich um eine heilsame, positive Ausrichtung zu bemühen. Dies lenkt den inneren Dialog mit sich selbst, wie auch den äußeren Dialog mit anderen Menschen. Die Auswirkung dessen kann alte Wunden heilen und schöne Begegnungen initiieren.

Legung „In die innere Mitte finden“

Viele fühlen sich zurzeit müde, ausgelaugt und von vielem genervt. Dabei zu unterscheiden, was davon von außen angestoßen wird und was wirklich zur eigenen Befindlichkeit gehört, ist oft nicht so leicht. Wir lassen uns von allem und jedem runterziehen und wenn dann noch eigene trübe Gedanken hinzukommen, ist die Disharmonie perfekt.

Die Karten können uns helfen, dies einmal genauer zu betrachten und wieder in seine eigene innere Mitte zu finden.

Wir ziehen dafür acht Karten und legen Sie wie folgt aus:

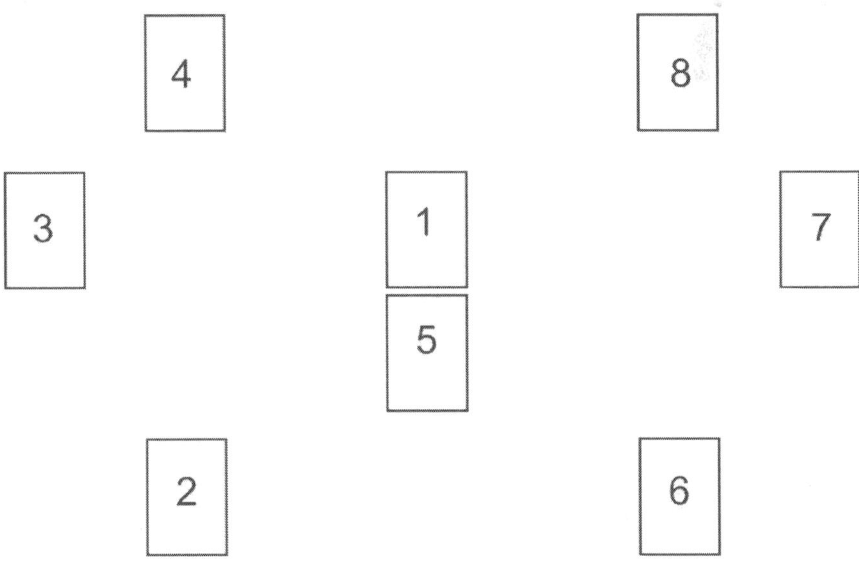

Ihr seht, damit möchte ich eine Lemniskate andeuten, stellt euch bitte diese liegende Acht vor.

Die Positionen werden folgendermaßen gedeutet:

1 Was von außen auf einen zukommt

2 Was einen daran beschäftigt

3 Welche Gefühle es in einem auslöst

4 Wie man am liebsten darauf reagieren würde

5 Sich sammeln, in seine innere Mitte finden

6 Seine Gedanken auf die Lösung ausrichten

7 Seine Gefühle ausgleichen

8 In Ruhe und mit Gelassenheit handeln

HARMONIESCHLÜSSEL = die Quersumme aller Karten

Meine Legung dazu:

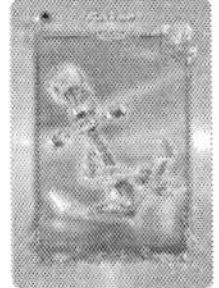

1 Was von außen auf einen zukommt
Karte 27 Brief
Es gibt eine Nachricht, die womöglich unliebsame Informationen beinhaltet.

2 Was einen daran beschäftigt
Karte 35 Anker
In welchem Zusammenhang dies mit der eigenen Arbeitsweise steht oder die eigene Arbeit beeinträchtigt.

3 Welche Gefühle es in einem auslöst
Karte 6 Wolken
Irritationen und Unverständlichkeit bezüglich der Aussagen des anderen. Hier ist einem noch unklar, wohin das führen soll.

4 Wie man am liebsten darauf reagieren würde
Karte 5 Baum
Tief verwurzelt in seinen Ansichten zu sein, sich nicht von Wind und Nebel einschüchtern lassen. Aus einer inneren Gewissheit heraus wissen, was das Richtige für einen ist und wie man darauf reagieren sollte.

5 Sich sammeln, in seine innere Mitte finden
Karte 26 Buch
Sich an sein Wissen und die gemachten Erfahrungen erinnern und so die innere Bestätigung für sein eigenes Handeln finden. Sich auf sein Gelerntes verlassen und nicht von außen verunsichern lassen.

6 Seine Gedanken auf die Lösung ausrichten
Karte 12 Eulen
Der Stress, der durch die Nachricht ausgelöst wurde, kann nicht die Lösung sein. Hier sollte man sich auf seine innere Weisheit besinnen, die einem den richtigen Weg aufzeigt. Innere Weisheit ist immer von Liebe und Mitgefühl getragen zum Wohle aller Beteiligten.

7 Seine Gefühle ausgleichen
Karte 33 Schlüssel
Die Gewissheit erlangen, dass es eine Lösung gibt und man sich ihr nur öffnen muss. Dies, verbunden mit einem Gefühl der Zuversicht, bringt einem die Lösung nahe, die man mit seiner Kompetenz bewältigen kann.

8 In Ruhe und mit Gelassenheit handeln
Karte 2 Klee
Im Hinblick auf Freude und Leichtigkeit, die jeder Lösung obliegen, ist es genau die positive Schwingung, die eine

Bewältigung der Aufgabenstellung ermöglicht. Zuversicht und das Erkennen des Segens, den diese Situation birgt, lassen einen wieder erkennen, dass man glückliche Fügungen provozieren kann, wenn man die richtige Herangehensweise wählt.

HARMONIESCHLÜSSEL = die Quersumme aller Karten

27+35+5+26+12+33+2= 146=1+4+6=11

Karte 11 Ruten
Wenn man sich innerlich gut zuredet, liebevoll mit sich selbst kommuniziert, fällt es einem leichter, sein Potenzial zu entfalten und mit der Welt da draußen ebenso liebevoll in Kontakt zu treten, was alles viel leichter macht.

Meine spirituellen und energetischen Deutungen der Lenormandkarten

Karte 1 Reiter

allgemeine Deutung: Bote, Spontanität, Dynamik, Nachricht, Gedankenkraft, ins Handeln kommen, aktiv werden, etwas in die Tat umsetzen, die Initiative ergreifen, innere Überzeugungen, selbstverantwortlich sein Leben in die Hand nehmen, seine Lebensaufgabe erfüllen

energetische Deutung: starke Antriebskraft, mit Willen und Entschlossenheit seine Ziele verfolgen, starke Dynamik, eventuell auch über das Ziel hinausschießen durch Übereifer

spirituelle Deutung: sich seiner Chancen bewusst sein und sie nutzen, kurz entschlossen handeln, selbstbewusst auf etwas hinarbeiten, eigens initiierte innere und dadurch bedingte äußere Prozesse

Du solltest mit Willen und Entschlossenheit deine Ziele verfolgen. Sei dir deiner Chancen und Möglichkeiten bewusst und nutze sie, so gut du kannst. Vielleicht ist sogar ein kurz entschlossenes Handeln notwendig, um eine Situation in positive Bahnen zu lenken. Durch deine eigens initiierten inneren Prozesse gibst du wichtige Impulse für das Erfüllen deiner Lebensaufgabe. Selbstverantwortlich nimmst du dein Leben in deine Hände und handelst nach deinen inneren Überzeugungen. Dadurch entsteht eine starke Dynamik, doch Vorsicht, schieße nicht über das Ziel hinaus. Setze nicht nur durch deine Gedankenkraft, sondern auch durch deine Initiative deine Vorhaben in die Tat um.

Karte 2 Klee

allgemeine Deutung: Lebensfreude, glückliche Fügungen, günstige Gelegenheiten, kurzes Glück, gutes Ergebnis, guter Ausgang, Optimismus, Hoffnung, Humor, Zufriedenheit, etwas Kostbares

energetische Deutung: Positive Energien unterstützen die Vitalität und lassen einen erblühen und Lebensfreude empfinden.

spirituelle Deutung: Eine Welle der Hochstimmung, die einen trägt, aber sehr sensibel ist und schnell wieder einbrechen kann. Eine Phase des Gelingens und des Optimismus, dass alles gut ist.

Dir scheint alles zu gelingen. Dein Optimismus, dass alles gut wird, ist nicht zu bremsen. Deine Vitalität ist getragen von Lebensfreude und eine Welle der Hochstimmung trägt dich durch das Leben. Glückliche Fügungen und günstige Gelegenheiten versprechen ein gutes Ergebnis und lassen in dir Hoffnungen erwecken. Doch es kann sich um ein kurzes Glück handeln, darum erkenne, wie kostbar dieser Augenblick ist. Mit Humor und Zuversicht gestaltest du diese besondere Zeit der Glückseligkeit.

Karte 3 Schiff

allgemeine Deutung: Idealismus, Weiterentwicklung, Abenteuer, Reisen, Ausland, der Freigeist, Toleranz und Weltoffenheit, Wünsche und Sehnsüchte

energetische Deutung: Energiekarte, Schaffenskraft und die Energien richtig einsetzen, innere Stärke entwickeln, die Geduld haben etwas auf sich zukommen zu lassen, sich die Dinge entwickeln lassen, aber auch sich treiben lassen, Unbekanntes erforschen, beständig sein Ziel verfolgen

spirituelle Deutung: Suche nach dem Sinn, eine neue Ebene erreichen, Zusammenhänge erkennen, Wissen anreichern, auf seiner Lebensreise sein

Du hast gelernt, deine Schaffenskraft richtig einzusetzen, um beständig an deinem Ziel zu arbeiten. Deine entwickelte innere Stärke gibt dir zudem die Geduld, auch mal etwas auf dich zukommen zu lassen. So können sich die Dinge auf deiner Lebensreise so entwickeln, wie es deinem Lebensplan entspricht. Du erreichst eine neue Ebene auf der Suche nach dem Sinn deines Lebens und erkennst Zusammenhänge, die dein Wissen anreichern.

Karte 4 Haus

allgemeine Deutung: Privatleben, Familie Existenz, Haus, Wohnung, Stabilität, Sicherheit und Schutz, eigener Körper und Körperbewusstsein, dauerhafte Basis, Bodenständigkeit, auch Langeweile und Starrsinn

energetische Deutung: Stabilität und Ruhe in seinem Leben verwirklichen, ein Nest bauen und Geborgenheit spenden, Sicherheit vermitteln

spirituelle Deutung: den menschlichen Körper als Sitz der Seele begreifen und pflegen, gutes Körperbewusstsein, mit sich und seinen elementaren Bedürfnissen in Verbindung stehen

Es geht darum, Stabilität und Ruhe in deinem Leben zu verwirklichen. Ein Nest zu bauen, was dir Geborgenheit und Sicherheit vermittelt. Wenn du es schaffst, mit deinen elementaren Bedürfnissen in Verbindung zu stehen und deinen Körper als Sitz der Seele zu begreifen, fällt es dir leicht, ihn zu achten und zu pflegen und ihm deine volle Aufmerksamkeit zu schenken. Dieses Körperbewusstsein bietet dir die dauerhafte Basis, dein Innenleben deinem Privatleben anzugleichen und Schutz und Sicherheit zu genießen. Wie innen so außen, findest du den Platz in deinem Leben.

Karte 5 Baum

allgemeine Deutung: Gesundheit, Lebenskraft, Bodenständigkeit, Vitalität, Ruhe, Beständigkeit, Wachstum, Heilung, Reife, Geduld

energetische Deutung: beständiges und langsames Wachstum, kraftvolle Lebensenergie und starke Wurzeln, Kraft spendend

spirituelle Deutung: sich die Dinge mit Geduld entwickeln lassen, Reife entwickeln, Heilung, Lebensenergie, Verbindung zwischen Himmel und Erde – dem Weltlichen und dem irdischen Dasein, Grund- und Glaubensmuster, Themen die noch nicht abgeschlossen sind, den wesentlichen Sinn erkennen

Starke Wurzeln und Vitalität vermitteln dir die Bodenständigkeit, die du brauchst, um beständig zu wachsen und dich zu entfalten. Innere Reife und Heilung entwickelst du, indem du die Dinge sich entwickeln lässt. Ruhe und Gelassenheit strahlen aus dir heraus und du erkennst Themen, die noch nicht abgeschlossen sind. Deine Glaubenssätze solltest du einer gründlichen Prüfung unterziehen und deren wesentlichen Sinn erkennen. So kann Heilung und Wachstum geschehen und dir kraftvolle Lebensenergie spenden. Meditiere in der Natur und verbinde dich mit den Energien von Mutter Erde. Nutze die Heilkraft von Baum- und Blütenessenzen, um in deine innere Mitte zu kommen.

Karte 6 Wolken

allgemeine Deutung: Projektionen, Transzendenz, Unklarheiten, Desorientierung, Flucht, Abhängigkeit, Selbsttäuschung, Schwarz-Weiß-Denken, fehlender Durchblick, Wechselhaftigkeit, Feigheit, Opferrolle, Probleme, Sorgen

energetische Deutung: schlechter Energiefluss, sich wie in einem Vakuum fühlen, Sorgen und Ängste verunsichern einen, Tunnelblick, Verunsicherung

spirituelle Deutung: Man kann nicht klarsehen und die Realität nicht richtig einschätzen. Entweder hat man falsche Informationen oder unterliegt alten Glaubenssätzen, die das eigene Potenzial daran hindern, sich zu entfalten. Dadurch wird man verführt, Luftschlösser zu bauen und wichtige Wahrheiten nicht zu sehen

Um die Realität richtig einschätzen zu können, sollte der Energiefluss erhöht werden. Alte Glaubenssätze und falsche Informationen hindern dein Potenzial daran, dich zu entfalten. Baue keine Luftschlösser, sondern erkenne wichtige Wahrheiten. Fülle das Vakuum mit Information aus der feinstofflichen Welt und verbinde dich mit deiner Intuition, die dir wichtige Botschaften deiner Seele offenbart. Tritt aus der Opferrolle und dem Schwarz-Weiß-Denken aus und Sorgen können sich auflösen wie der Nebel am Morgen.

Karte 7 Schlange

allgemeine Deutung: Komplikationen, Umwege, Schwierigkeiten, Verstand, Vernunft, Erkenntnis, Taktik und Berechnung, Verlockung, Versuchung, Heilung

energetische Deutung: Wandlungsfähigkeit, Heilungsprozess, aus Erfahrungen lernen und wachsen, unerwartete Angriffe und Vergeltungsschläge

spirituelle Deutung: Wiedergeburt (Häutung), Verbindung zum Heilwissen, Fähigkeit zum Heilen, Selbsterkenntnis, Entwicklung durch Erkenntnis, Altes hinter sich lassen

Durch Entwicklung von Erkenntnis kannst du Altes hinter dir lassen. Deine Wandlungsfähigkeit ist gefordert, um den Heilungsprozess zu vollziehen. Du lernst intuitiv zwischen Geist und Seele zu kommunizieren. Jedoch bewerte dich und andere nicht negativ und lasse keine Kritik zu, um die Situation nicht komplizierter erscheinen zu lassen als sie tatsächlich ist.

Karte 8 Sarg

allgemeine Deutung: Ende einer Phase, Krise, Krankheit, Abschied, Stagnation, Stirb- und Werdeprozess, Transformation, Trauerarbeit, Trennung, Loslassen, Erkenntnis und Lernprozess

energetische Deutung: zu wenig Energie, Krankheit, sich schlapp und lustlos fühlen, wenig motiviert sein, leidend, depressiv, Ende eines Zyklus, tiefe und intensive Erfahrung erleben

spirituelle Deutung: wie Phönix aus der Asche steigen, Transformation, sich Flügel wachsen lassen, Beginn einer Wandlungsphase

Du spürst das Ende einer Phase, eines Erkenntnis- und Lernprozesses, der alles hat stagnieren lassen. Lasse los und lasse dir Flügel wachsen und freue dich über den Beginn dieser Wandlungsphase, in der du wie Phönix aus der Asche steigen kannst. Tiefe und intensive Erfahrungen haben dich an diesen Punkt gebracht und das Ende eines Zyklus angezeigt, der dir nicht gutgetan hat.

Karte 9 Blumenstrauß

allgemeine Deutung: Kreativität, Erfüllung, Entfaltung, Freude, Schönheit, Talent, positive Entwicklung, Unbeschwertheit, Phantasie, Lebendigkeit

energetische Deutung: positive Ausstrahlung, Lebendigkeit – die ansteckt, friedvolle Phase, Freude und Lebenslust ausstrahlend, im Gleichgewicht sein, der Lebenskünstler

spirituelle Deutung: Medialität, Heilerin, Lichtarbeiter, Kunst, Heilkraft, Fülle, Achtsamkeit

Entfalte deine Kreativität mit Freude und Unbeschwertheit. Nutze deine antasie, deine Talente so einzusetzen, dass eine positive Entwicklung möglich ist. Die Schönheit des Lebens, ausgedrückt in Kunst und der Inspiration, erfüllt dich und lässt dich lebendig sein. Strahle diese Lebenslust in dein Umfeld aus und genieße die Heilkraft, die damit einhergeht.

Karte 10 Sense

allgemeine Deutung: Verletzung, Gefahr, plötzliche Wende, schmerzvoller Einschnitt, Konsequenzen, Prinzip von Ursache und Wirkung, Ernte, Vorsicht, Schlussstrich, Belastung, Warnung, Belohnung, Verdienst

energetische Deutung: schlechte Energie, Trauma, Verletzlichkeit, Schicksalsschlag, Aggression, Angriff, Wut, Tiefschlag, Geistesblitz, Energieräuber

spirituelle Deutung: Lebenskorrektur, karmische Lektion, wunder Punkt, Karma, destruktive Kräfte, Schwarzmagie, Abkehren von alten Überzeugungen

Ziehe Konsequenzen aus einem schmerzvollen Einschnitt, der dir widerfahren ist. Finde die Ursache heraus, die dazu geführt hat, dass du dich verletzt und tief getroffen fühlst. Diese karmische Lektion bedarf einer Lebenskorrektur, um destruktive Kräfte in deinem Leben zu eliminieren. Vielleicht ist auch eine Abkehr von alten Überzeugungen notwendig, um diesen wunden Punkt endlich zu überwinden.

Karte 11 Ruten

allgemeine Deutung: Diskussionen, Streit, Zerwürfnis, Vorwurf, Zerrissenheit, Zweifel, Meinungsverschiedenheiten, Konflikte, Denkweise, Überzeugungen, Selbstbestrafung, Glaubenssätze, Bewertung

energetische Deutung: Angriff und Verteidigung, Widerstand erzeugen, schlichten und jemandem entgegenkommen, Schutz vor negativen Energien

spirituelle Deutung: Objektivität, Überzeugungen anschauen und gegebenenfalls verändern, einen gemeinsamen Konsens erarbeiten, Inflexibilität aufgeben, Kompromisse finden, Gegensätze anerkennen, Glaubenssätze erkennen und korrigieren

Schütze dich vor negativen Energien, indem du dich verteidigst und die Angriffe abwehrst. Deine Überzeugungen haben ihre Berechtigung, können aber für Streit und Diskussionen sorgen. Zweifle nicht an dir und deiner Denkweise, sondern erkenne die Gegensätze an. Falls du durch Überprüfung deiner Glaubenssätze Fehler entdeckst, korrigiere sie umgehend und zeige dich flexibel. Ansonsten erarbeite einen gemeinsamen Konsens oder handle Kompromisse mit deinem Gegenüber aus. Du solltest dich jedoch nicht für deine eigene Meinung schuldig fühlen und dich selbst dafür bestrafen, indem du deine Überzeugungen missachtest.

Karte 12 Eulen

allgemeine Deutung: Aufregung, Hektik, Nervosität, Sorgen, Verzweiflung, der blinde Fleck, Unberechenbarkeit, aber auch Weisheit, Selbstbestimmung, Individualität, Selbstentfaltung, Befreiung, Magie

energetische Deutung: starke Schwingungen, den Mut aufbringen etwas zu verändern, eine eindeutige Haltung einnehmen, klare Imagination und Gedankenkraft

spirituelle Deutung: spirituelle Entwicklungsmöglichkeiten in jede Richtung, Magie, Telepathie, Gewohntes infrage stellen, nach seinen wahren Überzeugungen leben, ausgeprägte Intuition

Durch klare Imagination und Gedankenkraft bringst du den Mut auf, etwas zu ändern. Dabei nimmst du eine eindeutige Haltung ein, die dir neue spirituelle Entwicklungsmöglichkeiten bietet. Stelle deine Gewohnheiten infrage und lebe deine wahren Überzeugungen. Nur so kannst du deine ganz eigene Magie in deinem Leben entfalten. Deine ausgeprägte Intuition und deine magischen Fähigkeiten werden dich dabei unterstützen.

Karte 13 Kind

allgemeine Deutung: Neuanfang, Entwicklungsprozess, Gutgläubigkeit, Lebendigkeit und Leichtigkeit, Spontanität, Neugier, Kindheit, Schritt für Schritt voran, Talent, Naivität, Unerfahrenheit

energetische Deutung: Gelassenheit, Hingabe, Auftrieb, experimentieren, spielerisch und unbekümmert, voller Schwung und Elan

spirituelle Deutung: Heilung des Inneren Kindes, Initiation, Einweihung, Aufmerksamkeit im Hier und Jetzt

Voller Schwung und Elan experimentierst du ganz verspielt und unbekümmert mit deiner Neugier auf das Leben. Deine Hingabe gibt dir den notwendigen Auftrieb, dich Schritt für Schritt voranzutasten und deinen Wünschen Gestalt zu verleihen. Durch den Dialog mit deinem Inneren Kind gelingt es dir, im Hier und Jetzt zu sein und dich leicht und lebendig zu fühlen.

Karte 14 Fuchs

allgemeine Deutung: Lüge, Täuschung, Heuchelei, Verrat, Betrug, Hinterlist, Fehleinschätzung, etwas läuft falsch, Verdrängung, Fehler, Illusion, Misstrauen aber auch Scharfsinn, Raffinesse, Schläue, Instinkte, Spürsinn, Authentizität, der Fuchs zeigt uns was nicht auf Wahrheit beruht

energetische Deutung: Energieräuber, man manipuliert den anderen, die spirituelle Verbindung zu sich selbst ist gestört

spirituelle Deutung: Desillusionierung, Reifeprüfung, karmische Prüfung, Bauernschläue, Verbindung zu den Ahnen, auf seinem Seelenpfad sein

Diese karmische Prüfung, die dir gestellt wird, kann nur bewältigt werden, wenn du in Verbindung mit dir selbst bist. Setze alles an Klugheit, Raffinesse und Spürsinn ein, um diese Reifeprüfung zu bestehen. Täuschung und Desillusionierung müssen ein Ende finden, damit du authentisch deine eigene Wahrheit lebst. Vertraue auf deine Instinkte und gehe auf deinem ganz individuellen Seelenpfad voran und lasse alle Fehleinschätzungen, die aus Angst entstanden sind, hinter dir.

Karte 15 Bär

allgemeine Deutung: Kraft, Stärke, Wohlstand, Diplomatie, Regeneration, Sicherheit, Schutz, innere Ruhe, Rückzug, Geduld, Durchhaltevermögen, Beständigkeit, Beharrlichkeit, Führungsqualitäten aber auch Selbstüberschätzung, Sturheit, Wut und Zorn, an Vergangenem haften

energetische Deutung: starke Energie, die Macht und Autorität vermittelt, Schutz, Stärke, Sicherheit, kraftvolle und unbändige Lebenskraft

spirituelle Deutung: spiritueller Lehrer sein, Schamane, Kontakt zu Geistführern und Krafttieren, innerer Heiler, Heilungsprozesse, Naturverbundenheit, Heiler

Zeige deinen Mut und deine Kraft, die dir innewohnen und Macht und Autorität vermitteln. Diese kraftvolle und unbändige Lebenskraft gibt dir die Sicherheit, um beharrlich an deiner spirituellen Entwicklung zu arbeiten. Durch Diplomatie und Beständigkeit wirst du deine selbst gesteckten Ziele erreichen. Dabei bekommst du den Schutz deines Geistführers und wirst von deinem Krafttier begleitet. Ereignisse aus der Vergangenheit gehen in die Heilung und dein innerer Heiler vollzieht die Transformation, die dich von den Fesseln vergangener Verletzungen befreit. Dein innerer Wohlstand beruht auf den Führungsqualitäten, die du dir angeeignet hast. Nutze diese Kraft für dein zukünftiges Leben und lasse dich dabei von deinen Ahnen unterstützen.

Karte 16 Sterne

allgemeine Deutung: Spiritualität, Glaube, Klarheit, Glückskarte, Erfolg, Erfüllung, Glückseligkeit, Ideale, Fülle, höhere Ebene, Licht am Ende des Tunnels, Wissenschaft, Intelligenz, tiefe Einsichten in größere Zusammenhänge

energetische Deutung: Leuchtende Kraft, Verbesserung der Situation, höhere Ebene des Bewusstseins

spirituelle Deutung: den Horizont erweitern, Vertrauen in die Zukunft, Eingebungen, Hellsicht, Telepathie, Medialität, spirituelles Vorbild, Visionen

Sei ein spirituelles Vorbild, indem du deinen Eingebungen folgst und einer Verbesserung deiner Situation entgegenstrebst. Vertraue in die Zukunft und erreiche mit deiner Medialität eine höhere Ebene deines Bewusstseins. Deine tiefe Einsicht in größere Zusammenhänge und die Klarheit, die damit einhergeht, lässt dich deinen Idealen näherkommen. So ist dir der Erfolg sicher und du siehst das Licht am Ende des Tunnels.

Karte 17 Störche

allgemeine Deutung: Veränderung, Flexibilität, Anpassung, Aufbruch, Entwicklung, Wandel, neue Lebensphase, positive Weiterentwicklung, Umzug, neue Begebenheiten, Reise

energetische Deutung: Impulse für Neues, Geburt und Wachstum, Beweglichkeit und Fortschritt, impulsiv sein, Unbeständigkeit

spirituelle Deutung: soziales Miteinander leben, einer Gemeinschaft angehören, ein Gefühl der Verbundenheit haben, Abwechslung und Vielfalt

Beende die Unbeständigkeit und passe dich der gegebenen Situation an. Entwickle ein Gefühl der Verbundenheit mit deinem Umfeld und leite einen Wandel ein, der einen Aufbruch in eine neue Lebensphase bedeutet. Dies führt zu einer positiven Weiterentwicklung, die Impulse für Neues bietet, wenn du dich flexibel und beweglich zeigst. So wird ein soziales Miteinander möglich und beschert dir Abwechslung und Vielfalt.

Karte 18 Hund

allgemeine Deutung: Vertrauen, Loyalität, Hilfsbereitschaft, Unterstützung, Treue, Freundschaft, Verlässlichkeit, Dauerhaftigkeit, Aufrichtigkeit

energetische Deutung: Verbundenheit, soziale Bindungen pflegen, sich mit Gleichgesinnten umgeben, empathisch sein und feine Antennen für die Bedürfnisse anderer haben

spirituelle Deutung: durch Innenschau die Kräfte des Unbewussten entdecken und zum Ausdruck bringen, seinen medialen Fähigkeiten Aufmerksamkeit und Entfaltungsmöglichkeiten bieten, Gemeinschaftssinn leben

Du solltest durch Innenschau die Kräfte des Unbewussten entdecken und diese zum Ausdruck bringen. Gemeinschaftssinn leben, indem du dich mit Gleichgesinnten umgibst und generell soziale Bindungen pflegst. Biete deinen medialen Fähigkeiten Aufmerksamkeit und entfalte sie so gut es geht. Übe dich darin, empathisch und offen für die Bedürfnisse der anderen zu sein. Zeige dich loyal und hilfsbereit und baue Vertrauen auf, damit du andere in ihrem Tun unterstützen kannst.

Karte 19 Turm

allgemeine Deutung: Eigenständigkeit, Selbstständigkeit, Rückzug, Isolation, Einsamkeit, Grenzen setzen, Behörde, Institution, Distanz, Auszeit, Krise, Selbstreflexion, Zwangspause

energetische Deutung: Introvertiertheit, niemanden an sich heranlassen, Unnahbarkeit, Abweisung anderer

spirituelle Deutung: Krise, erzwungene Einschränkungen, Rückbesinnung auf sich selbst. Zwangspause für innere Sammlung und Neuorientierung, Grenzerfahrung – an Grenzen stoßen und sie überwinden, alte Glaubenssätze aufgeben

Es ist Zeit, dich auf dich selbst zu besinnen. Ziehe dich zurück und sammle dich, um dich zu orientieren, was du wirklich möchtest. Diese erzwungene Einschränkung ist eine Grenzerfahrung, die dir zeigt, welche alten Glaubenssätze du aufgeben musst. Setze gesunde Grenzen und komme wieder in deine selbst gewählte Eigenständigkeit, die dir durch diese Selbstreflexion nur allzu deutlich wird.

Karte 20 Park

allgemeine Deutung: Öffentlichkeit, Umfeld, Auftreten, Image, Netzwerk, Fassade, Maske tragen, Selbstverantwortung, Begegnungen.

energetische Deutung: die Verbundenheit des Menschen zur Natur, nicht gut allein sein können, gerne im Mittelpunkt stehen.

spirituelle Deutung: seine Aufgabe und seinen Platz im Leben finden, authentisch werden und sein, Masken ablegen, die Seele baumeln lassen und regenerieren, Gelassenheit entwickeln.

Es gilt, Masken abzulegen und authentisch zu werden in allem, was du tust. Finde deine Aufgabe und deinen Platz im Leben. Nur wenn du zu dir selbst stehst, kannst du herausfinden, was deine ganz eigene Wahrheit ist. Verbinde dich mit der Natur und lerne von ihren Gesetzen, einerseits selbstverantwortlich und andererseits Teil eines Netzwerkes zu sein. Werde unabhängig von der Meinung anderer und gib die Kontrolle darüber auf, andere beeinflussen zu müssen.

Karte 21 Berg

allgemeine Deutung: Blockaden, Herausforderungen, Beharrlichkeit, Durchhalte-vermögen, Probleme, Anstrengung, Krafteinsatz, Willenskraft, Aufgaben, Hindernis

energetische Deutung: unsichtbare Widerstände, energetischer Schutz, der nötige Biss, Baustellen des Lebens

spirituelle Deutung: den inneren Schweinehund überwinden, Gipfelerlebnisse, nicht aufgeben und Rückgrat zeigen, sich nicht selbst sabotieren und im Wege stehen, Frustphasen überwinden und über sich hinauswachsen, sich einen Überblick verschaffen

Die Baustellen des Lebens fordern dich heraus, deinen inneren Schweinehund zu überwinden. Gib nicht auf und zeige Rückgrat. Überwinde diese Frustphase und stehe dir nicht selbst im Weg. Verschaffe dir einen Überblick und wachse über dich selbst hinaus. Nur so bewältigst du diese unsichtbaren Widerstände, indem du Durchhaltevermögen beweist und keine Scheu vor Anstrengung zeigst. Mit dem nötigen Biss wirst du diese Herausforderung meistern und viel daraus lernen.

Karte 22 Wege

allgemeine Deutung: Entscheidungen, Möglichkeiten, Alternativen, Konsequenzen, Wendepunkt, Wahl, Orientierung, einen eigenen Weg finden, Vielseitigkeit, Urteilsvermögen, zweigleisig handeln, Entschlossenheit, Drückeberger, Wankelmut

energetische Deutung: neue Ausrichtung, eine Gratwanderung, Orientierung finden, Perspektivenwechsel, karmischer Lebensplan

spirituelle Deutung: der inneren Führung vertrauen, der Weg ist das Ziel, jede Entscheidung birgt die Chance zu lernen und sich zu entwickeln, sich nicht zu entscheiden ist auch eine Entscheidung mit Konsequenzen

Vertraue deiner inneren Führung, denn jede Entscheidung birgt die Chance, zu lernen und dich zu entwickeln. Manchmal ist es eine Gratwanderung, denn keine Entscheidung zu treffen ist auch eine Wahl, die Konsequenzen hat. Wechsle auch mal die Perspektive, um eine neue Ausrichtung oder Alternativen zu finden. Das Wichtigste hierbei ist es, deinen eigenen Weg zu finden und deinem Urteilsvermögen zu vertrauen. Falls er dich in die Irre führen sollte, dann kehre entschlossen um und probiere andere Möglichkeiten, die sich dir immer bieten.

Karte 23 Mäuse

allgemeine Deutung: Angst, Verzweiflung, Kummer, Verlust, Verzicht, Müll, Pessimismus, Scheitern, Unzufriedenheit, Entbehrungen, Grübeleien, Sorgen, Engpässe, Mangel, Demut, Passivität

energetische Deutung: Mangel, schlechte Energie, Existenzängste, Geiz, Zusammen-bruch, Schüchternheit

spirituelle Deutung: kein oder wenig Selbstwert, Demut, Entbehrungen, sich in Bescheidenheit üben, wieder in die Einfachheit des Lebens finden, Selbstbetrug beenden

Durch Entbehrungen musst du dich in Bescheidenheit üben. Nutze die Gelegenheit, um wieder in die Einfachheit des Lebens zu finden. Beende allen Selbstbetrug und alle Sorgen, die mit diesem Verzicht einhergehen. In Demut – was bedeutet, den Mut zu haben, dich selbst und dein Leben dem Göttlichen anzuvertrauen – findest du zu deinem wahren Selbstwert zurück und kannst alle Unzufriedenheit und Verzweiflung hinter dir lassen. Mache dem Pessimismus ein Ende und gib deine Passivität auf, damit sich deine Existenzängste nicht verselbstständigen.

Karte 24 Herz

allgemeine Deutung: Liebe, Nächstenliebe, Mitgefühl, Einfühlungsvermögen, Emotionen, Güte, Quelle des Lebens, Freundlichkeit, Hilfsbereitschaft, Selbstliebe, Empathie, Vergebung, Dankbarkeit.

energetische Deutung: positive Schwingungen, Herzöffnung – sein Herzfeld aktivieren, das Herzchakra öffnen, göttliche Liebe spüren, eine magische Anziehungskraft haben.

spirituelle Deutung: mit dem Herzen sehen (Der kleine Prinz), sich um Herzensangelegenheiten bemühen, All-Eins-Sein, Seelenverbindungen pflegen, durch Aktivierung seiner Herzensenergie einen spirituellen Weg gehen, seine Spiritualität wirklich leben, das heißt, zu sich selbst finden und durch Selbstliebe Frieden in sich schaffen, sein Leben aus dem Herzen heraus leben.

Aktiviere dein Herzfeld, indem du positive Schwingungen aus deinem Herzchakra heraus strahlen lässt. So aktivierst du deine Herzensenergie, die dir auf spiritueller Ebene dabei hilft, dich selbst zu finden und durch die Liebe zu dir selbst den Frieden in dir zu schaffen, um dein Leben aus dem Herzen heraus zu leben und mit dem Herzen zu sehen. Dadurch erzeugst du eine magische Anziehungskraft, die dein Herz für alle Menschen und Wesen sowie die Schöpfung öffnet, sodass du aus deinem Herzen heraus mit Mitgefühl handeln kannst.

Karte 25 Ring

allgemeine Deutung: Beziehungen aller Art, Partnerschaft, Verbindungen, Verbundenheit, Verbindlichkeiten, Routine, Wiederholungen, Zusammengehörigkeit, Verpflichtung

energetische Deutung: Abschluss eines Zyklus, Versprechen, Schwur, Eid, etwas besiegeln, Bindungsfähigkeit, aber auch: etwas ist chronisch, festgefahren

spirituelle Deutung: immer wiederkehrende Muster, Rituale, karmisches Band, heilige Versprechen, geschlossener Kreis ohne Anfang und Ende symbolisiert die Ewigkeit und Dauerhaftigkeit, aber auch: Hamsterrad und immer wiederkehrende Lernaufgabe – bis sie verinnerlicht ist

Drücke deine Verbundenheit in Auseinandersetzung mit der Welt aus und kultiviere die Fähigkeit, Verbindlichkeiten einzugehen und die Verbundenheit zu anderen Menschen wirklich zu empfinden. Der Ausdruck von Zusammengehörigkeit lässt dich wahrhaftig sein und gibt dir die notwendige Stabilität für deine seelische Gesundheit. Gib dir ein heiliges Versprechen, andere genauso wertzuschätzen, wie du auch dich selbst achten und lieben solltest.

Karte 26 Buch

allgemeine Deutung: Wissen, Weisheit, Erkenntnis, Lebenserfahrung, Lehren, Lernprozess, Studium, Geheimnis, etwas Verborgenes, Unbekanntes, Unbewusstes, Verschlossenes

energetische Deutung: etwas das nicht offen sichtbar ist, Geheimnisse, Verborgenes, inneres Wissen, das Unterbewusstsein

spirituelle Deutung: Akasha-Chronik, Geheimwissenschaften, Weisheit, Einweihungen, Orakelarbeit, altes Wissen das gehütet wird, die hermetischen Gesetze, Überlieferungen vom Meister zum Schüler, spirituelle Lehren und Gesetze, Palmblattbibliothek

Dein inneres Wissen möchte aus dem Verborgenen emporsteigen. Mit Hilfe von Orakelarbeit oder Einweihungen in die hermetischen Gesetze wirst du das wertvolle Wissen der Überlieferungen vom Meister zum Schüler und dem morphogenetischen Feld, wo alles Wissen gespeichert ist, für deinen Lebensplan einsetzen können. Denn hier ist der Schlüssel zum tiefgründigen Entwicklungsprozess des Menschen angelegt. Nutze dieses dir zur Verfügung stehende Wissen, um deinem Leben einen Sinn zu geben und dich energetisch mit der kosmischen Energie zu verbinden. Sie wird deine Lernprozesse unterstützen und dir die Kraft geben, deine gewonnene Weisheit in dein Leben zu integrieren.

Karte 27 Brief

allgemeine Deutung: Kommunikation, Kontakt, Botschaft, Information, Unterhaltung, Schriftstücke, Benachrichtigung, Nachrichten, Dokumente, Korrespondenz, Oberflächlichkeit, Diagnose, Befund

energetische Deutung: unbeständiger und oberflächlicher Kontakt, Unverbindlichkeit, schnell und flüchtig

spirituelle Deutung: Kartenlegen, Kontakt zur Anderswelt, Botschaften der Engel und Geistwesen / Geistführer, Schreibmedium, spirituelle Schriften, Sender und Empfänger der Anderswelt

Empfange die Botschaften deiner Engel oder Geistführer, die dir durch Träume oder spirituelle Schriften etwas mitteilen möchten. Gehe ins Zwiegespräch mit deiner inneren Führung und entlaste deine Seele von allen unwichtigen, oberflächlichen Gefühlen, die dich nur daran hindern, ein Sender und Empfänger für die spirituellen Wahrheiten zu sein. Werde in deiner Kommunikation mit anderen immer offener und ehrlicher, damit wahre Begegnungen von Seele zu Seele möglich werden.

Karte 28 Herr

allgemeine Deutung: Karte für den Fragesteller/die Fragestellerin, Hauptperson, Partner, Ehemann, das männliche Prinzip, die Yang-Energie

energetische Deutung: Handeln, aktiv sein, kämpferisch, stolz, produktiv, ehrgeizig, vernunftsbetont, sozial, willensstark, autoritär, mutig, dominant

spirituelle Deutung: Ordnung und Stabilität schaffen, Verantwortung übernehmen, klare Strukturen setzen, Realismus, Streben nach Unabhängigkeit, der Versorger, der Beschützer

Nutze alle deine Eigenschaften, die dich produktiv und willensstark sein lassen. So verschaffst du dir die Stabilität, die du brauchst, um die volle Verantwortung für dich zu übernehmen. Klare Strukturen und das Streben nach Unabhängigkeit lassen dich mutig voranschreiten auf dem Weg in dein selbstbestimmtes Leben.

Karte 29 Dame

allgemeine Deutung: Karte für die Fragestellerin, Hauptperson, Partnerin, Ehefrau, das weibliche Prinzip, die Yin-Energie

energetische Deutung: Sinnlichkeit und Entspannung, nährend, schützend, vermittelnd, empfänglich, passiv, abwartend, fürsorglich, feminin

spirituelle Deutung: Selbstverwirklichung und Selbstbestimmung, Mitgefühl, Fruchtbarkeit, sich selbst in den Vordergrund stellen, Hingabe, Emanzipation

Stelle dich selbst in den Vordergrund und unterstütze deine Selbstverwirklichung mit Hingabe. Durch Entspannung vermehrst du dein Mitgefühl und stellst dich nährend und schützend vor andere, die deiner Fürsorge bedürfen. Du weißt, wann du abwarten musst, wo du vermitteln solltest und wo du dich dem Fluss des Lebens einfach hingeben solltest. Es ist die sanfte, aber emanzipierte Selbstbestimmung, die dich auszeichnet und die deine Bemühungen auf fruchtbaren Boden fallen lässt.

Karte 30 Lilien

allgemeine Deutung: Spiritualität, Harmonie, Lebensfreude, Gleichgewicht, Familie, Dankbarkeit, Genuss, Schönheit, Körperlichkeit, Sinnlichkeit, Ausgleich, Sexualität.

energetische Deutung: Hingabe, Frieden, innere Mitte, Energie, Freude, Vitalität, Leidenschaft, Selbstannahme.

spirituelle Deutung: sich der Spiritualität widmen, Gebet und Meditation, den Energiehaushalt positiv beeinflussen, Frieden in sich finden, liebevolle Annahme seiner selbst, Reinheit und Unschuld, gelebte Selbstliebe, Vergebung

Durch Gebet und Meditation kannst du deinen Energiehaushalt positiv beeinflussen und in deine Mitte finden. Durch liebevolle Annahme deiner selbst erschaffst du den Frieden in dir, den du brauchst, um die Leidenschaft und Vitalität zu erzeugen, die dir hilft, das Leben harmonisch zu gestalten. Im Gleichgewicht mit deinen Kräften empfindest du Dankbarkeit für die Selbstliebe, die sich in deiner Spiritualität ausdrücken darf und dir die Energie schenkt, die du für deine Sinnlichkeit und deine Wertschätzung der Schönheit des Lebens benötigst.

Karte 31 Sonne

allgemeine Deutung: Lebensenergie, Stärke, Glück, Zuversicht, Heilung, Erfüllung, Wärme, Fülle, Humor, Sensibilität, Souveränität, Selbstbewusstsein, Willenskraft, Optimismus, Wohlstand, Erfolg, Anerkennung

energetische Deutung: Ausstrahlung, Schwingung, positive Energie, Lichtarbeit, Reiki, Vitalität, Aura

spirituelle Deutung: Bewusstsein, Selbstbewusstsein, Selbstvertrauen, Persönlichkeits-entwicklung, Lichtwesen, Lebensfreude, „alles ist gut"

Es steht deine Persönlichkeitsentwicklung im Vordergrund. Deine Lebensenergie zu erhöhen und deine Ausstrahlung zu optimieren. Schaffe dir ein Bewusstsein von Fülle, Humor und Souveränität. Setze deine Willenskraft für Erfolg, Wohlstand und Erfüllung ein, indem du dir deiner selbst bewusst wirst, in all deiner Kraft und Schönheit. Nur du selbst kannst in dir diese positive Energie dauerhaft erzeugen und mit deiner daraus resultierenden Lebensfreude deinem Leben zuversichtlich begegnen. Alles ist gut, so wie es gerade ist – und der Startpunkt für mehr Selbstvertrauen und Selbstwert. Denn du bist es dir wert, dich zu lieben und so anzunehmen, wie du bist.

Karte 32 Mond

allgemeine Deutung: Gefühlswelt, Emotionen, Sensibilität, Intuition, Träume, Feinfühligkeit, Illusionen, Wünsche, Gemütslage, Empfänglichkeit, Innenleben, Schattenanteile, Vorahnungen, Ängste und Sorgen aus der Kindheit geprägt, Sentimentalität, Erfolg und Anerkennung, Hang zur Melancholie, Depressionen, Schwermut

energetische Deutung: Anziehungskraft, Sensibilität, Intuition, Einfühlungsvermögen, Labilität, Feingefühl, medial, der 7.Sinn, weibliche Kraft

spirituelle Deutung: mediale Fähigkeiten, enorme Visualisierungskraft, Manifestation, Wunscherfüllung, reiches Innenleben, Verbindung zum Unterbewusstsein, Schattenanteile annehmen und transformieren, Vorahnungen, Verbindung zur medialen Welt

Nimm deine Schattenanteile an und transformiere deine Ängste, die nur zu Illusionen führen. Setze dem Hang nach Melancholie eine enorme Visualisierungskraft entgegen, die dir hilft, dich aus dem Labyrinth der Sentimentalitäten und negativen gebundenen Emotionen zu befreien. Nutze deine Intuition und dein Feingefühl, deine Gemütslage ins Gleichgewicht zu bringen, um die Geschenke des Lebens wirklich wahrzunehmen. Deine Verbindung zu deinem Unterbewusstsein wird dich dabei unterstützen, empfänglich für die Sensibilität zu sein, die dich sicher durch die Herausforderungen des Lebens führt.

Karte 33 Schlüssel

allgemeine Deutung: Sicherheit, Gewissheit, Erfolg, Zuversicht, sich für etwas öffnen, Potenzial, Einstellung, Klärung, Stabilität, Lösung, Bestätigung, Kompetenz, Verlässlichkeit, Realität, Ergebnis, Fähigkeit, Bestimmung, Schlüsselerlebnis

energetische Deutung: etwas klären, sich öffnen, etwas in Gang bringen, Pragmatismus, Urvertrauen, Vertrauen zu sich selbst und ins Leben

spirituelle Deutung: Aufrichtigkeit, Schlüsselerlebnis, Verlässlichkeit, Vertrauen schaffen, Bestimmung, Erkenntnis gewinnen, Kompetenz entwickeln, das Richtige tun, sein Potenzial leben

Es ist eine Zeit, in der sich einiges für dich klärt. Du öffnest dich mit mehr Vertrauen zu dir selbst dem Leben. Pragmatismus war gestern und jetzt bringst du etwas Neues in dein Leben. Vielleicht hilft dir ein Schlüsselerlebnis, letzte Zweifel zu zerstreuen und wichtige Erkenntnisse zu gewinnen. Tue das Richtige und entfalte dein ganzes Potenzial. So entwickelst du die Kompetenz, dein Leben, so wie du es wirklich leben willst, zu leben.

Karte 34 Fische

allgemeine Deutung: Geld, Finanzen, Investitionen, Werte, materielle Themen, innerer und äußerer Reichtum, Seele, Innenwelt, Sensibilität, Psyche, Träumerei, Realitätsferne, Verführbarkeit, Sucht, Phantasie

energetische Deutung: unbewusste Prozesse, im Fluss sein, süchtig sein, sich binden können, aus dem Bauch heraus entscheiden

spirituelle Deutung: Seelenleben, den Seelenplan erfüllen, Seelenverbindungen haben, in die Tiefe gehen, seelische Verbundenheit, mit dem Leben fließen

Tauche ein in die Tiefe deines Seelenlebens und erkenne die unbewussten Prozesse, die dich daran hindern, mit dem Leben zu fließen. Nur so kannst du deinen Seelenplan erfüllen und lernen, aus dem Bauch heraus die richtigen Entscheidungen zu treffen. Hierbei geht es um inneren und äußeren Reichtum, der sich in deinem Leben manifestieren möchte. Alle Süchte und Träumereien, die dein Leben beeinträchtigen, haben keine Chance, wenn du mit deiner Seele verbunden bist. Denn auch die reale Welt möchte entdeckt und in ihrer Fülle gelebt werden.

Karte 35 Anker

allgemeine Deutung: Arbeit, Beruf, Berufung, Beschäftigung, Ausbildung, Halt, Studium, Hobby, Verankerung, Beständigkeit, Überzeugungen, Ziel, Einsatz, Basis, Engagement, Stabilität, Hoffnung

energetische Deutung: an etwas arbeiten, an etwas klammern, etwas loslassen müssen, Unbeweglichkeit, etwas verarbeiten

spirituelle Deutung: Entwicklungspotenzial in der materiellen Welt, um sein Überleben zu sichern, spirituelle Arbeit leisten, seinen spirituellen Weg gehen, Halt im Leben finden, ein selbstbestimmtes Leben führen

Du arbeitest an deinem Entwicklungspotenzial, um dein Überleben zu sichern. Du findest dadurch Halt in deinem Leben. In Auseinandersetzung mit der Welt gilt es so manches Mal, etwas loszulassen, sich nicht an Vergangenes zu klammern. Gehe deinen ganz eigenen spirituellen Weg und verarbeite all die Herausforderungen, die dich am Ende stark und weise werden lassen. Durch Engagement findest du zu deiner Berufung, die den Einsatz wert ist und dich an den rechten Platz in deinem Leben bringen wird.

Karte 36 Kreuz

allgemeine Deutung: Schicksal, Lernaufgabe, Prüfung, Glaube, Bestimmung, Selbsterkenntnis, Karma, Bürde, Wichtigkeit, Fügung, Belastungen, unabwendbare Erfahrungen, Notwendigkeit

energetische Deutung: Synchronizitäten, beten, Glaube, das Unausweichliche – dem man sich stellen muss, sich mit der Schöpfung verbunden fühlen

spirituelle Deutung: Kosmische Gesetze, Selbsterkenntnis, der Glaube – dass alles im Leben einen Sinn hat, die Herausforderungen des Lebens als Wachstumsmöglichkeiten begreifen, Erlösung

Das Unausweichliche, dem du dich stellen musst, schenkt dir die Selbsterkenntnis, die du jetzt für dein Leben brauchst. Der Glaube, dass alles in deinem Leben einen Sinn hat, hilft dir dabei, die Herausforderungen des Lebens als Wachstumsmöglichkeiten zu begreifen. Nimmst du deine Lernaufgabe an, wirst du mehr und mehr deine Berufung leben, denn sie dient der Selbstverwirklichung im Leben eines jeden Menschen.

Zusatzkarten von Angelina Schulze

Karte 37 Bauch

allgemeine Deutung: mit etwas schwanger gehen bzw. sein, Geburt/ Ergebnis steht unmittelbar bevor, Vorbereitungen, Pläne, Ordnung schaffen, Sex, Heilung

energetische Deutung: etwas ausbrüten, innere Erkenntnisprozesse, Erwartungshaltung, visualisieren und Umsetzung, sortieren und eliminieren, körperliche Vereinigung, Heilungsprozess, heil werden

spirituelle Deutung: sich aus Chaos befreien und sein Leben strukturieren, strategisch vorgehen durch Planung und Verwirklichung, seine heilerischen Fähigkeiten entwickeln und ausführen, etwas Neues entwickeln, seinem Leben Ordnung und Struktur geben

Befreie dich aus dem momentanen Chaos und fange an, dein Leben neu zu strukturieren. Dabei solltest du strategisch vorgehen, denn durch Planung kommst du deiner Selbstverwirklichung einen entscheidenden Schritt näher. So kann Heilung geschehen und deine neu gewonnene Herzensweisheit fördert innere Erkenntnisprozesse. Die richtige Vorbereitung hilft dabei bei der Umsetzung und lenkt alles in die richtigen Bahnen.

Karte 38 Engelsflügel

allgemeine Deutung: Schutz, etwas ist oder wird geschützt, geführt werden, etwas festhalten, etwas gewinnen, etwas Wertvolles

energetische Deutung: Schutzkreis, Verbindung zu den Engeln, Kommunikation mit den Engeln

spirituelle Deutung: An Engel glauben, Engel in sein Leben integrieren, sich von ihnen beschützt und geleitet fühlen, die Engel an seiner Seite haben, die geistige Welt unterstützt einen, die Existenz der Engel als wahr empfinden

Die Engel möchten dich dazu auffordern, ihren Schutz und ihre Unterstützung in dein Leben zu integrieren. Wenn du die Existenz der Engel als gegeben empfindest und mit ihnen kommunizieren möchtest, bitte sie um ihren Schutz und Beistand. Ein Schutzkreis aus himmlischen Energien wird dein Leben bereichern und du wirst zu den Menschen und Gelegenheiten geführt, die für deinen Lebensplan wichtig sind.

Karte 39 Fabrik

allgemein: Firma, Geschäft, Arbeitsstelle, Selbstständigkeit, Gebäude, Besitz, etwas herstellen, etwas Größeres, viel Stabilität, sehr gute Basis vorhanden, auf der man aufbauen kann

energetisch: Werdeprozess, Schaffensprozess, Gestaltungsmöglichkeiten, stabilisierende Kraft

spirituell: sein Talent ausleben, etwas erschaffen und Neues in die Welt bringen, seine Zeit und Kraft investieren, um sich in einem Projekt zu verwirklichen, viel Heilung und Gleichgewicht investieren

Bringe etwas Neues in die Welt, indem du etwas erschaffst, woran dein Herz sich erfreuen kann. Lebe deine Talente und verwirkliche dich in Projekten und nutze all die Gestaltungsmöglichkeiten, die dir zur Verfügung stehen. Du hast bereits eine sehr gute Basis, auf der du aufbauen kannst. Dieser Schaffensprozess, in dem du dich ausdrücken kannst, dient deinem Heilungsprozess und erschafft in dir die Zufriedenheit und das Gleichgewicht, das deiner spirituellen Entwicklung dienlich ist.

Karte 40 Hand

allgemeine Deutung: Verantwortung, Erfahrung, seine eigene Autorität anerkennen, seine Grenzen erkennen, eigenverantwortlich handeln, Bilanz ziehen, Schuldgefühle, Chaos

energetische Deutung: Etwas loslassen, sich von etwas befreien, Vergebungsprozess vollziehen, Grenzen setzen, chaotisch sein

spirituelle Deutung: Selbstverantwortung erkennen, Brücken der Verständigung bauen, vergeben und sich befreien

Erkenne deine Selbstverantwortung und vergib dir selbst und anderen. Dadurch wird dir die Freiheit geschenkt, die du brauchst, um Brücken der Verständigung zu dir und anderen Menschen zu bauen. Lasse los von etwas, was dir nicht mehr guttut und befreie dich aus dem Sog, den negative Energien in Form von Erinnerungen in dir auslösen. Setze klare Grenzen und werde deine eigene Autorität, die selbst bestimmt, sich von jeglichen Schuldgefühlen zu befreien. Ziehe Bilanz und befreie dich vom Chaos, das Schuldzuweisungen in dir auslösen, indem sie dich an Begebenheiten binden, die längst vergangen sind.

Meine Krafttiere

Reiter
Das Pferd steht für Ausdauer, Kraft und Flexibilität. Die Herausforderungen des Lebens sollten mit Energie und Dynamik in Angriff genommen werden. Hierbei stellt der Reiter die innere Führung dar, der das Pferd sicher ans Ziel führt.

Schlange
Die Schlange zeigt uns, wo wir uns in welchem Lebensbereich häuten bzw. erneuern müssen. Da, wo Heilung notwendig ist, wird mit klarem Verstand ohne Umschweife die Lernaufgabe umgesetzt und die Veränderung angenommen. Verbunden mit der göttlichen Energie sorgt sie für das Gleichgewicht zwischen Körper Geist und Seele.

Eulen
Die Eulen stehen für Magie und Weisheit. Ihre Hellsichtigkeit unterstützt den spirituellen Prozess, sich im Labyrinth von Wahrheit und Täuschung zurechtzufinden. Klug und sich selbst reflektierend hilft sie bei der Entwicklung der Persönlichkeit.

Fuchs
Der Fuchs besticht durch seine Klugheit und Intelligenz, die er richtig einzusetzen weiß. Er lässt sich nicht in die Karten gucken und seine Beobachtungsgabe lässt ihn den richtigen Zeitpunkt finden, sich seinen Vorteil zu verschaffen.

Bär
Ruhig und besonnen bereitet der Bär alles vor und vertraut auf seine Erfahrungen aus der Vergangenheit. Er symbolisiert Schutz und Stärke und die Geborgenheit, die er vermittelt, gibt einem die notwendige Sicherheit, alles in Ruhe zu bedenken und mit Bedacht zu handeln.

Störche
Die Störche sind ein Symbol für unterwegs sein und bereit zu sein, Veränderungen herbeizuführen. Durch eine positive Ausrichtung ist der Storch offen für Neues und flexibel genug, sich auf neue Situationen einzustellen. Er hat ein untrügerisches Gefühl und die innere Weisheit, in dem Leben des Fragestellers/der Fragestellerin positive Impulse zu geben und auf eingefahrene Situationen mit Enthusiasmus zu reagieren.

Hund
Der Hund lehrt uns als Krafttier Treue und Loyalität. Ist es der Gemeinschaftssinn, der uns mit anderen verbindet oder das Mitgefühl, das wir für den anderen aufbringen, er hat immer eine verbindende Kraft. Er zeigt sich hilfsbereit und verlässlich und immer aufrichtig im Ausdruck seiner Gefühle. Etwas, was Freundschaft so wertvoll werden lässt.

Mäuse
Die Kraft der Maus liegt in ihrer Vorsicht, um ihre körperlichen Defizite auszugleichen. Sie überprüft alles ganz genau, schaut ins Detail und lotet alles aus, was gefährlich werden könnte. Diese Aufmerksamkeit sichert ihr Überleben und garantiert, dass sie sich ihrer Umgebung anpassen kann.

Fische
Die Fische verbinden einen mit seiner Seele, die einen intuitiv durch das Leben führt. Ihre Sensibilität und Feinfühligkeit lässt sie ihrer emotionalen Intelligenz vertrauen, die viel weiser ist als der Verstand es je sein könnte.

Autorenseite

Andrea Rosenthal
E-Mail: andrea@reiki-tor.de
Facebook: facebook.com/ReikiTor

www.reiki-tor.de

Mein spiritueller Weg begann mit den Tarotkarten, die mir widerspiegelten, wie es um mein Seelenheil bestellt war. Nachdem ich die Ausbildung zur psychologischen Beraterin und Reiki-Lehrerin absolviert hatte, entschloss ich mich, auch in die Welt des Lenormand einzutauchen. Damit begann für mich eine Reise, die immer spannender und vielfältiger wird.

Mein Anliegen, wenn ich mit den Karten arbeite, ist es, Situationen transparent zu machen. Darzulegen, was gerade da ist, um dann lösungsorientiert Möglichkeiten aufzuzeigen, die mehr zu einer Harmonisierung einer Lebenssituation beitragen können. So verstehe ich die Arbeit mit den Karten, denn an erster Stelle steht die Selbstverantwortung, die jeder selbst für sich ergreifen muss, um seine eigenbestimmte Zukunft zu gestalten.

Verwirklicht habe ich dieses Anliegen bereits in meinen Büchern.

Bücher und E-Books von Andrea Rosenthal

Kartenlegen ausführlich erklärt –
Lenormand-Legungen mit psychologischer Deutung
zum Thema Blockaden und Loslassen
Band 11
ISBN: 978-3-943729-53-5

Kartenlegen ausführlich erklärt –
Madame Lenormand kombiniert
mit Andreas Chakra-Legung
Band 12
ISBN: 978-3-943729-54-2

Kartenlegen ausführlich erklärt –
Karma als Legungen mit Lenormandkarten
Band 13
ISBN: 978-3-96738-115-3

Die Deutung der Persönlichkeits-Matrix
mit Lenormandkarten
It's Magic Lenormand
– die wundervolle Welt des Lenormand –
vom Wissen zum Sein
Softcover - ISBN: 978-3-96738-161-0
Hardcover - ISBN: 978-3-96738-162-7

Lenormand Legesysteme für die Achtsamkeitspraxis
Mit 46 Legungen eine magische Reise durch das Jahr
ISBN: 978-3-96738-175-7

Der magische Seelenblick mit den Lenormandkarten
Mit der großen Tafel wie Phönix aus der Asche steigen
ISBN: 978-3-96738-176-4

Die große Tafel mit den Lenormandkarten mal anders gedeutet
Separate Tafeln zu den Themen Liebe, Beruf und Privatleben
ISBN: 978-3-96738-181-8

Du bekommst die Bücher im Onlineshop vom Verlag:

https://angelina-schulze.com

oder auf Amazon und anderen Online Buchhandlungen.

Die E-Books gibt es in der Regel als PDF zum Lesen und ggf. ausdrucken am PC und meist noch als Kindle Version zum Lesen in der kostenfreien Amazon App oder einem Kindle-Reader.

Alle derzeit verfügbaren E-Books und Bücher
kannst du dir hier mit Leseproben ansehen:

https://lenormand-power.de

Weitere kostenfreie Empfehlungen

Du möchtest gern noch mehr Anregungen für Legesysteme und den Lenormandkarten?

Dann habe ich hier noch ein paar **Empfehlungen** für dich:

- Auf der Legesystem-Webseite von Angelina und mir findest du weitere Legesysteme für Lenormand und Tarot und kannst auch online die Karten befragen: **https://lenormand-legesysteme-und-tarot-legesysteme.de**
- In Angelinas Coaching der Königsklasse gibt es am Anfang täglich und später im Abstand von 2, 3, 5 und dann 7 Tagen E-Mails mit Informationen zur Deutung der Lenormandkarten, kleinen Legungen, Deutungsschritte in der großen Tafel und vielen Links zu Blogbeiträgen, Videos und diversen Geschenken, die nur Leser der E-Mails bekommen. Die Anmeldung und Teilnahme ist kostenfrei: **https://www.lenormand-online24.de**
- In Angelinas Lenormand Power gibt es einmal pro Woche eine E-Mail, in der sie dir Legesysteme zeigt und mit Beispielen deutet. Gern kannst du dort mitmachen. Die Anmeldung und Teilnahme ist kostenfrei: **https://www.lenormand-online24.de/reisestart-lenormand-power**
- In der Facebookgruppe von Angelina und mir kannst du jeden Monat ebenfalls Legungen kennenlernen, ausprobieren und dich mit den anderen Teilnehmern austauschen. Die Gruppe ist geschlossen, also nur Mitglieder können die Beiträge sehen. Hier bleiben wir unter uns. Trete hier kostenfrei unserer Kartenlegegemeinschaft bei: **https://www.facebook.com/groups/Lenormand-gruppe**